Margareta Magnusson
El arte sueco de ordenar antes de morir

RESERVOIR BOOKS

Margareta Magnusson
El arte sueco de ordenar antes de morir

Si no lo amas, tíralo;
si no lo usas, tíralo también

Traducción de Inga Pellisa

Título original: *The Gentle Art of Swedish Death Cleaning*

Primera edición: octubre de 2018

© 2017, Margareta Magnusson
© 2018, Penguin Random House Grupo Editorial, S. A. U.
Travessera de Gràcia, 47-49. 08021 Barcelona
© 2018, Inga Pellisa, por la traducción

Printed in Spain – Impreso en España

ISBN: 978-84-17125-92-9
Depósito legal: B-16.693-2018

Compuesto en La Nueva Edimac, S.L.
Impreso en Cayfosa (Barcelona)

RK 2 5 9 2 9

Penguin
Random House
Grupo Editorial

A mis cinco hijos

Poner tu casa en orden, si tienes la posibilidad de hacerlo, es una de las actividades más reconfortantes que haya, y sus beneficios son incalculables.

LEONARD COHEN, *The New Yorker*

Índice

Prefacio

Lo único que sabemos con certeza es que algún día moriremos. Pero antes de que llegue ese día podemos intentar hacer casi cualquier cosa.

Seguramente este librito te habrá llegado de manos de alguno de tus hijos, o como un regalo de alguien en la misma situación que tú y que yo. O puede que tú mismo hayas comprado un ejemplar porque te ha removido algo en tu interior. Hay un motivo detrás. A lo largo de tu vida has reunido multitud de cosas maravillosas: cosas con un valor que tu familia y amigos no sabrán calcular y de las que no podrán hacerse cargo.

Deja que te ayude a conseguir que tus seres amados te recuerden con cariño, y no con fastidio.

M. M.

Ordenar antes de morir no es triste

Yo estoy ahora mismo enfrascada en ordenar mis cosas antes de morir, o como decimos en sueco: *döstädning*. *Dö* significa «muerte», y *städning*, «limpieza, orden». Es un término que se refiere a deshacernos de todo lo innecesario y convertir nuestro hogar en un espacio ordenado y acogedor cuando creemos que se acerca la hora de abandonar este mundo.

Es tan importante que tengo que contártelo. Y tal vez pueda incluso darte algunos consejos, puesto que es algo a lo que todos tendremos que enfrentarnos antes o después. Es imprescindible si queremos ahorrarles un tiempo precioso a nuestros seres queridos cuando ya no estemos.

Así pues, ¿qué significa ordenar antes de morir? Para mí, consiste en hacer inventario de todas mis pertenencias y decidir la mejor manera de desprenderme de todo aquello que ya no quiero. Mira a tu alrededor. Es probable que muchas de las cosas que tienes lleven ahí tanto tiempo que ya ni siquiera reparas en ellas o les das valor alguno.

Creo que el término *döstädning* es bastante reciente, aunque la tarea en sí no lo es. La palabra se usa cuando alguien, o uno mismo, lleva a cabo una limpieza a fondo de su casa y se deshace de objetos con el fin de facilitar y despejar su vida. No tiene por qué guardar relación alguna con su edad, o con la muerte, aunque a menudo es así. Sin embargo a veces descubres que los cajones de tu casa o la puerta de la alacena apenas cierran, y si eso ocurre, decididamente ha llegado el momento de hacer algo, aun cuando solo tengas treinta y tantos. A ese tipo de limpieza también la podemos llamar *döstädning,* pese a que te falten muchos, muchos años para morir.

Creo que las mujeres siempre han practicado el *döstädning,* pero su labor no acostumbra a ponerse bajo el foco y debería estar más valorada. En mi generación y en las anteriores, las mujeres tienden a hacer limpieza cuando sus maridos fallecen y luego, de nuevo, antes de que ellas mismas se marchen. Así, aunque lo que solemos hacer siempre es limpiar *después de,* abordamos aquí la peculiar situación de dejarlo todo ordenado *antes de*… antes de morir.

Hay personas que no son capaces siquiera de aceptar la muerte. Y esas personas dejan un caos detrás de sí. ¿Acaso creían que eran inmortales?

Muchos adultos prefieren no hablar de la muerte con sus padres. No habría que tener miedo. Todos deberíamos hablar de la muerte. Y si es un tema demasiado difícil de abordar, la limpieza antes de morir puede ser una buena manera de plantear la conversación de un modo no tan brusco.

El otro día le comenté a uno de mis hijos que estaba poniendo orden en mis cosas, y escribiendo además un libro al respecto. Él quiso saber si iba a ser un libro triste o si me ponía triste escribirlo.

No, no, le respondí. No es triste para nada. Ni la limpieza, ni la escritura del libro.

A veces me hace sentir algo incómoda el poco aprecio que muestro hacia ciertas cosas de las que quiero librarme. Algunas de ellas me han servido bien. He descubierto, eso sí, que es gratificante pasar tiempo con estos objetos una última vez antes de desecharlos. Cada uno tiene su propia historia, y recordarla a menudo resulta agradable. De joven, apenas tenía tiempo de pararme a pensar el significado que un determinado objeto poseía en mi vida, o de dónde había salido, o cuándo o cómo había llegado a mis manos. La diferencia entre la limpieza antes de morir y un simple zafarrancho de limpieza es la cantidad de tiempo invertido. La limpieza antes de morir no consiste en quitar el polvo o fregar el suelo, sino que es una forma permanente de organización que hace que nuestro día a día vaya como la seda.

Ahora, cuando no estoy dando vueltas por Estocolmo, disfrutando de todo lo que la ciudad tiene para ofrecer, dispongo de tiempo para disfrutar de todo lo que mi apartamento tiene para ofrecer, que es un reflejo de mi vida.

El mundo es un lugar estresante. Las inundaciones, las erupciones volcánicas, los terremotos, los incendios y las guerras se suceden sin parar. Me deprime escuchar las noticias o leer el periódico. Me marchitaría si no pudiese combatir la negatividad de las noticias del mundo con buenos amigos, experiencias en la naturaleza, música, cosas bonitas o disfrutando sin más de algo tan sencillo como un día de sol (cosa que no abunda en el clima del norte).

Por nada del mundo querría ponerme a escribir algo triste; ya hay bastante tristeza en todas partes. De modo que espero que las palabras y las ideas que vienen a continuación te resulten útiles y entretenidas, puede que en ocasiones hasta divertidas.

Hacer tu propia limpieza antes de morir puede llegar a ser muy duro. Quizá tengas que mudarte a un sitio más pequeño por algún motivo, o que te hayas quedado sin pareja, o tal vez tengas que trasladarte a una residencia de ancianos. Estas situaciones tienden a afectarnos a casi todos en un grado u otro.

Hacer inventario de todas nuestras antiguas pertenencias al tiempo que rememoramos la última vez que recurrimos a ellas y, a poder ser, nos despedimos de algunas, no es tarea fácil para muchos de nosotros. Las personas tendemos más a acumular cosas que a tirarlas.

Pero he tenido que ordenar tantas veces después de morir otra persona, que ni por asomo obligaría a alguien a hacerlo después de mi muerte.

Cuando alguien nos deja, las cosas pueden ser lo bastante caóticas de por sí, te lo aseguro. He oído muchas historias tristes de hermanos que empiezan a reñir porque quieren el mismo objeto. Este tipo de situaciones son perfectamente evitables; podemos tomarlo en cuenta para reducir las posibilidades de que se produzcan momentos desagradables.

Yo tenía, por ejemplo, un precioso brazalete que mi padre le había regalado a mi madre mucho tiempo atrás. Mi madre me lo legó en su testamento. ¡La manera más sencilla de eludir problemas entre mis hijos en el futuro era venderlo! Fue una idea estupenda, creo yo.

Más adelante, cuando les hablé de la venta a mis hijos, estuvieron conformes con la decisión. Todos habían recibido ya algo que en su día había pertenecido a mis padres; y a fin de cuentas el brazalete era mío y podía hacer con él lo que se me antojase. Malgastar un tiempo precioso discutiendo con mis cinco hijos por culpa de un brazalete me parecía ridículo. La finalidad de ordenar antes de morir es ahorrarnos ese tiempo.

¿Por qué estoy escribiendo este libro?

Me encuentro ahora en algún punto entre los ochenta años y los cien, y por mi edad siento que tengo la obligación de contarte mis experiencias, porque creo que es importante que todos conozcamos la filosofía de ordenar antes de morir. Tanto si son tus padres, o algún amigo o familiar los que se están haciendo mayores, como si va siendo hora de que tú mismo emprendas tu propio *döstädning*.

Me he mudado diecisiete veces de casa dentro y fuera de mi país, así que creo que tengo una ligera idea de lo que hablo cuando se trata de decidir qué conservar y qué desechar, ya sea para irse a otra casa, a otro país ¡o al Otro Mundo!

Aunque da la impresión de que son en su mayoría mujeres las que ordenar sus cosas antes de morir, dado que tienden a vivir más que sus maridos o parejas, a veces, como en la familia en la que yo crecí, es el padre el que se queda solo.

Si alguien ha vivido durante muchos años en una casa en la que ha acogido y ha hecho sentir bienvenidos a niños y adultos, parientes e invitados, es probable que esa persona esté demasiado ocupada como para que se le ocurra reducir el número de cosas que hay en la casa.

Y así la cantidad de pertenencias va creciendo rápidamente a lo largo de los años. De repente la situación se descontrola y cargar con el peso de tantos objetos puede comenzar a resultar agotador.

Este agotamiento puede aparecer de la nada un buen día. Cuando alguien cancela una visita de fin de semana o una cena sientes alivio en lugar de desilusión, tal vez porque estás demasiado cansado como para ordenar la casa de cara a la visita. El problema es que tienes demasiadas cosas de las que ocuparte. ¡Ha llegado el momento de cambiar tu forma de vida y nunca es demasiado tarde para empezar!

Nuestro precioso tiempo y padres que echan una mano

Hoy en día, por descontado, las cosas son muy distintas de cuando yo era joven. No he dicho mejores. El ritmo actual es muy rápido. Muchas familias jóvenes deben planificar sus vidas hasta el último segundo para tener tiempo de hacer lo que consideren más importante.

Ni se te ocurra pensar que alguien va a querer –o poder– dedicar su tiempo a ordenar lo que tú no te molestaste en ordenar. No les dejes esa carga, por mucho que te quieran.

La primera vez que me encontré con esta tares fue cuando tuve que vaciar el apartamento de mis padres después de que mi madre nos dejase. Llevaban casados cuarenta y seis años, y mi padre no fue capaz de ocuparse de todo él solo cuando hubo de mudarse a un apartamento más pequeño. Juntos seleccionamos los muebles, la ropa de casa, el menaje, los chismes y los cuadros que harían que su nuevo hogar fuese acogedor y confortable.

Mi madre era una mujer muy ordenada, sabia y realista. Estuvo una temporada enferma, y creo que sospechaba que no le quedaba mucho tiempo, así que empezó a disponerlo todo para cuando no estuviese.

Cuando comencé a ordenar su casa, encontré notas prendidas a la ropa y a muchas otras cosas: pequeñas instrucciones manuscritas que indicaban lo que debía hacerse con cada objeto. Había algunos paquetes para donar a la beneficencia; algunos libros que devolver a sus legítimos propietarios. Un antiguo traje de montar tenía que llevarse al Museo de Historia, decía en una nota sujeta con un alfiler a una de las solapas de la chaqueta. También figuraba el nombre de la persona con la que yo debía contactar allí.

Aun cuando estas instrucciones no iban dirigidas expresamente a mí, fueron consoladoras. Era como si mi madre estuviese ahí apoyándome. No me había dejado todo el trabajo. Se lo agradecí mucho, y se ha convertido en un magnífico ejemplo de cómo cada cual tiene que responsabilizarse de sus cosas para ponérselo más fácil a sus seres queridos tras su muerte.

Mis cinco hijos tenían entre uno y once años en aquel momento, por lo que yo andaba muy ocupada. Dado que tenía tan poco tiempo, decidí ponerme de acuerdo con un subastador para vaciar la casa y vender todo lo que mi padre no quisiera o no necesitase en su nuevo, y más reducido, hogar. Quizá parezca algo caro, o exclusivo, pero en realidad no lo es. El subastador deduce su comisión de los objetos que se venden, así que ni mi padre ni yo tuvimos que poner nada de nuestro bolsillo. Dadas las circunstancias, era la mejor opción. Las casas de subastas son en general muy útiles si no cuentas con amigos o hermanos que te echen una mano.

El equipo del subastador tenía mucho trabajo por delante, pero recuerdo que en cuanto se pusieron en marcha todo avanzó muy rápido. Tuve que detener a algún mozo bajando según qué cosas por las escaleras antes de que los objetos desaparecieran para siempre de mi vista. De todos modos, tampoco me tomé muy a pecho que el subastador se acabase llevando algunas cosas de más. Tenía tantas otras de las que ocuparme, más urgentes y complicadas –como las necesidades de mis hijos, el estado de ánimo de mi padre respecto a la mudanza, y nuestro dolor por la muerte de su esposa, de mi madre– que no había tiempo de preocuparse demasiado por las cosas materiales.

Además, yo ya me había asegurado de que mi padre tuviera las cosas básicas que iba a necesitar en su nueva casa, como el menaje y los muebles. Si acababan yendo a subasta a más cosas de la cuenta tampoco sería el fin del mundo. Lo más importante era conservar los objetos especiales que mi padre quisiera tener en su nuevo apartamento. Conservamos, por ejemplo, su querido escritorio (en el que colocó un retrato de mi madre), así como su silla favorita y unos cuantos cuadros de los que no quería separarse.

Cómo empezar

Ten presente que despejar tu hogar de trastos llevará algo de tiempo. La gente mayor parece pensar que el tiempo pasa volando, pero en realidad somos nosotros los que nos volvemos más lentos. De modo que si estás en la recta final de tu vida, no esperes demasiado...

La tarea no se va a hacer más rápido si esperas, pero con un poco de práctica y preparación, desde luego te será más sencillo decidir la manera de desprenderte de cosas. Hazme caso, cuanto más tiempo dediques a repasar tus pertenencias, más fácil te resultará escoger lo que quieres conservar y lo que no. Y cuanto más te apliques a ello, menos tiempo te llevará. Puede que hasta descubras, como ventaja añadida, la maravillosa sensación de visitar un vertedero y lanzar cosas inservibles lo más lejos que puedas.

Comienza por revisar el sótano o el desván o los armarios del recibidor. Estas zonas son perfectas para empezar a librarse del exceso de cosas. Temporalmente... Bueno, puede que mucho de lo que tienes guardado lleve siglos ahí. Quizá ni siquiera recuerdes lo que hay. Estupendo, porque esa es la prueba de que si tiras algo no lo vas a echar de menos.

Echa un vistazo en estas zonas de almacenaje y empieza a sacar todo lo que haya escondido. Puede que encuentres una casa de muñecas o unos palos de hockey; en su mayoría cosas que ya no te hacen ninguna falta. A veces tienes el desván tan lleno que te ves obligado a llevar cosas a otro desván. ¡Fatal! ¿Quién crees que se va a encargar de todo eso cuando tú ya no estés?

Cuéntales a tus seres amados y a tus amigos en qué andas metido. Tal vez estén dispuestos a echarte una mano o incluso a llevarse algo que ya no quieras, y además te pueden ayudar a mover cosas que no seas capaz de mover tu solo. Verás como un torrente continuo de personas que te caen bien (o todo lo contrario) pasan a llevarse libros, ropa y cacharros de cocina.

También es posible que algún nieto o alguien que conozcas esté a punto de trasladarse a su primera vivienda. Invítalo a visitarte, y así podrás enseñarle tus cosas y charlar sobre ellas, contarle historias que no conozca sobre los objetos, o incluso sobre tu vida. Entretanto, ten a mano alguna bolsa, alguna caja que puedas ir llenando mientras habláis y así se la podrán llevar de inmediato.

– Fotografías y cartas –

No comiences por las fotos, tampoco por las cartas o los documentos personales. Puede resultar muy divertido y al mismo tiempo un poco triste revisar las fotografías y las cartas, pero una cosa es segura: si comienzas por ahí no cabe duda de que quedarás atrapado en los recuerdos y quizá no consigas pasar nunca a otra cosa.

Las fotos y cartas que hayas guardado por el motivo que sea deben esperar hasta que hayas decidido el destino de tus muebles y demás pertenencias. En general, cuando se ordena antes de morir, el tamaño de los objetos importa. Comienza por lo que ocupe más espacio en tu hogar y termina con lo pequeño. Las fotografías tienen un peso emocional tan grande que entorpecerán tu trabajo, pero son muy importantes, por lo que les he dedicado un capítulo entero más adelante.

Qué conservar y qué no

La intención no es que nos deshagamos de cosas que nos hacen la vida más cómoda y placentera. Pero si no eres capaz de tener controladas tus pertenencias, eso quiere decir que tienes demasiadas.

Yo estoy cómoda en una casa más o menos ordenada. No quiero ver nada que no me guste. Si tengo una silla bonita, no voy y dejo encima la ropa sucia. Tiene que haber algo mal en la forma en que he organizado mi casa si estoy continuamente poniendo patas arriba ese lugar que en su día me esforcé tanto en decorar y ordenar.

La vida se torna más agradable y más cómoda si nos libramos de parte de la abundancia.

Ordena y clasifica

Si echas una mirada a tu hogar es probable que veas un puñado de objetos que solo tienen una cosa en común: son tuyos. Pero, en realidad, la mayoría tienen otros muchos elementos en común. Prácticamente todo lo que tenemos en casa se puede clasificar en diversas categorías; por ejemplo, en muebles, ropa, libros, mantelería, etcétera.

Por descontado, en cada hogar hay cosas de categorías muy distintas dependiendo de su dueño. Golfistas, jardineros, marineros, futbolistas: cada uno tendrá su inventario particular. Algunas de estas categorías son más difíciles de gestionar a la hora de desprenderse de cosas.

Escoge una categoría que creas que te va a ser fácil manejar. Una categoría fácil es una categoría amplia y con poco vínculo sentimental. Es muy importante que esta primera elección te resulte sencilla. No quiero que te rindas nada más empezar.

Cuando hayas terminado con un par de categorías, te sentirás bien. Muy pronto será mucho más llevadero cuidar de tu hogar. Estoy segura de que tu familia y tus amigos te animarán a continuar.

Yo siempre escojo la ropa como primera categoría. Para mí es fácil, puesto que sé que tengo muchas prendas en el guardarropa que rara o ninguna vez me pongo.

Cuando he ordenado las cosas de otras personas recién fallecidas, como mis padres, mi marido o mi suegra, siempre he comenzado por la ropa. Por lo general es de una talla tan específica que a no ser que conozcas a algún amigo o familiar que tenga exactamente la misma lo mejor es regalarla toda.

Pero si empiezas por tu propio armario, ordena toda la ropa en dos pilas (sobre la cama o en una mesa).

La pila 1 es la de la ropa que quieres conservar.

La pila 2 es la de la ropa de la que quieres deshacerte.

Luego repasa la pila 1 y pon a un lado las prendas que necesiten algún arreglo o una visita a la tintorería. El resto puedes volver a guardarlas en el armario.

La pila 2 es para tirar o regalar.

Cuando vi mis pilas de ropa no me podía creer que yo hubiese comprado todo eso. Aunque supongo que los regalos de cumpleaños y Navidad también contribuyeron. Algunas cosas son demasiado pequeñas, otras demasiado grandes. Si tu figura ha cambiado mucho en el último año yo añadiría a la pila 2 las prendas que ya no te vengan bien.

Una vez conseguí eliminar de mi guardarropa dos vestidos, cinco bufandas, una chaqueta y dos pares de zapatos. Una de mis nietas se llevó uno de los pares, y todo lo demás lo doné a la Cruz Roja. ¡Qué maravilla!

La sociedad en que vivimos nos exige hasta cierto punto que vistamos de acuerdo a la ocasión. Para el día a día, para las festividades, para la felicidad, para el dolor. Y debemos recordar también que la ropa nos ayuda a ajustarnos a las distintas estaciones y entornos de trabajo.

A lo mejor eres uno de esos afortunados que cuentan con lo que se conoce como un vestidor, pero si es así, serás también algo desafortunado, pues tendrás más ropa que airear, lavar y cuidar... y, más tarde, también más ropa de la que deshacerte.

Cuando era joven, leí un artículo genial sobre cómo organizar un guardarropa fácil de mantener. La clave era que no es la cantidad de ropa la que permite a una persona ir bien vestida, sino una elección cuidadosa de las prendas y, después, una buena organización. Lo cierto es que he vivido con este consejo desde entonces. En nuestro armario, como ocurre con el resto de la casa, todo se basa en la organización: así podremos encontrar rápida y fácilmente algo apropiado cuando lo necesitemos.

En mi opinión, todas las prendas de un guardarropa deberían quedar bien juntas, y deberíamos poder combinarlas e intercambiarlas sin problema.

Así pues, si tienes que reducir tu guardarropa, conviene que dediques unas cuantas horas a hacer un repaso a fondo para ver de qué podrías prescindir. Con toda seguridad habrá compras impulsivas y demás artículos que no acaban de quedar bien con otras prendas: cuando echamos un vistazo al armario, acostumbran a ser fáciles de detectar. Conserva solo aquellas que creas de verdad que vas a ponerte, o esas con las que tengas un vínculo sentimental muy fuerte. A veces el contraste entre un determinado color o estampado y una paleta más sencilla puede resultar muy estimulante a la vista, y un placer llevarlo puesto.

Yo tengo una chaqueta que pega con todo y con nada. Se la compré a una señora de un mercado de China hace muchísimos años. Está hecha de muchos retales distintos, y lleva unos bordados que representan animales fantásticos muy graciosos. Es tremendamente colorida, y los retales están cosidos de un modo muy cuidadoso: es una prenda alegre hecha por alguien imaginativo a partir de materiales reciclados. ¿La había confeccionado aquella mujer menuda del mercado? Tal vez. Quiero conservar esa chaqueta porque me hace feliz y siempre me la pongo en Nochebuena.

Pero esto no es un manual de estilo… ¡Debemos seguir investigando, limpiando, organizando y ordenando!

Más organización

Siempre es más fácil ordenar y desprenderse de cosas en una casa que está bien organizada. Y con «organizada» me refiero a que cada cosa tiene su sitio. Cuando tu casa es un completo desastre es complicadísimo limpiarla. Pero nunca es demasiado tarde para intentar resolver este desastroso problema. Mientras piensas dónde poner ese objeto que tienes en la mano, puede que descubras que no lo necesitas para nada.

En mi barrio hay un club que se llama Red de Mayores. Es un lugar en el que los jubilados, o en realidad cualquier persona de más de cincuenta y cinco años y con unas habilidades informáticas limitadas, puede encontrar ayuda con el ordenador de jubilados con más conocimientos. A mi profesor le disgustó profundamente el desorden de los archivos de mi ordenador. Miró la pantalla y dijo: «Esto es como tener el váter en la cocina».

De manera que me ayudó. Puso orden en mis archivos. Yo tenía entonces setenta y nueve años, pero encontré la ayuda que necesitaba, y después de eso me ha sido mucho más fácil encontrar lo que buscaba en mi ordenador.

Lo mismo te puede pasar a ti en casa. Ni siquiera necesitas un ordenador para darte cuenta. Es solo una comparación útil, que he traído a cuento porque en un ordenador todo es lógico y organizado.

Si estás solo, no tiene ninguna gracia jugar a esconder la llave

Cuando mis hijos eran pequeños, en las fiestas de cumpleaños solíamos jugar a un juego sueco que se llama *gömma nyckeln,* o «esconder la llave». ¡Ah, qué divertido era! Yo escondía la llave –una llave vieja y enorme del siglo XVII– y luego dejaba que los niños se movieran a su antojo por la casa. Era como jugar al escondite pero sin que ningún pobre niño terminara olvidado en su escondrijo del armario. Así pues, escondía la llave, y cuando cualquiera de los niños se acercaba a aquel pequeño tesoro, yo gritaba: «¡Caliente, caliente!». Y si se alejaban, les decía: «¡Frío, frío!».

Era un placer jugar a ese juego. Pero de adulta no tiene ni pizca de gracia despertarse por la mañana y no encontrar las gafas. Además, nadie te va diciendo «caliente, caliente» mientras las buscas. ¡Es hora de organizarse!

Si llevas un cierto tiempo viviendo en una casa, debería ser fácil mantener un cierto orden. Aun así, conozco familias que viven sumidas en un completo desastre. (No mencionaré aquí el nombre de mis hijos, pero vosotros sabéis quiénes sois.) El desorden es una fuente innecesaria de irritación. Incluso en familias pequeñas, siempre hay alguien intentando encontrar las llaves, los guantes, los papeles o el teléfono móvil. Lo que sea.

Todas estas cosas poseen algo en común: todas deberían tener, pero no tienen todavía, su sitio. Dale a cada cosa un lugar y no terminarás enfadado, irritado o desesperado cada vez que vayas a salir de casa. No te encontrarás tan a menudo delante de la puerta de la calle gritando «¿Dónde están mis lo-que-sea?». Y también, para variar –como ventaja añadida– puede que llegues puntual.

La mayoría de la gente limpia su casa una vez por semana. Cuando recorres la casa con la aspiradora o la mopa, es posible que vayas encontrando cosas que van en otra parte. Guantes encima del piano, un cepillo del pelo en la cocina, un juego de llaves debajo del sofá…

Lleva una bolsa contigo mientras limpias la casa, o ponte un delantal con un bolsillo enorme. Cada vez que veas algo que no está donde debería estar, guárdalo en la bolsa o en el bolsillo del delantal. Cuando hayas terminado, puedes enseñarles a las personas con quienes convives todo lo que hayas encontrado y pedirles que devuelvan cada objeto a su lugar. En algunas familias hay tantas cosas donde no toca que una bolsa o un bolsillo se quedan pequeños. Esas casas necesitan una organización inmediata. Yo tengo siempre la casa ordenada y libre de trastos, de modo que un delantal con un bolsillo me basta. Tengo uno con mucho estilo y un bonito estampado de leopardo. De hecho es tan bonito que lo llevaría siempre puesto, hasta para salir a cenar.

En el recibidor siempre es práctico tener ganchos para colgar las llaves de la pared y algunos cestos o cajas para los guantes, sombreros y bufandas. Si vives en una casa de varias plantas, una forma de ahorrar tiempo es colocar un cesto en cada descansillo y poner ahí las cosas que tengan que ir abajo o arriba. Pero ve con cuidado de no meter el pie dentro.

Una vez, hará unos diez años, salí a navegar durante unos días con una familia. Cada vez que estábamos todos listos para abandonar el barco una hora o más, había que dejar la puerta del camarote cerrada con llave. ¿Quién la tenía? ¿Quién era el último que la había usado? Nos rodeaban unas islas preciosas, y sin embargo, cada aventura fuera del barco comenzaba con un mal ambiente que nos afectaba a todos, ¡y que siempre lo originaba la búsqueda de la llave! Imagina cuánto habría alegrado nuestras vidas a bordo un simple gancho para colgar la llave de la puerta del camarote.

A veces los cambios más minúsculos pueden tener un efecto asombroso. Si te topas una y otra vez con el mismo problema, ¡soluciónalo!

Un gancho no cuesta nada.

Un método estupendo

La segunda vez que me vi poniendo orden en la casa de otra persona fue cuando mi suegra murió. Ella se había mudado ya a un apartamento mucho más pequeño y había conseguido deshacerse de la mayor parte de las cosas a las que no daba ningún uso. Tenía el apartamento siempre precioso, y era un espacio agradable y acogedor.

Mi suegra contaba con la ayuda de una mujer para ocuparse de las cosas que no podía hacer ella misma. La llamaba Blancanieves. No vimos nunca ningún enano, pero Blancanieves poseía muchas de las diligentes cualidades de esos personajes.

A mis hijos –los nietos de mi suegra, que vivían por entonces en sus primeros pisitos de adulto– les encantaba visitarla. Ella les preparaba la cena y les contaba historias de los años que su abuelo y ella vivieron en Japón, mucho tiempo atrás, cuando él trabajaba para la tabacalera sueca Swedish Match.

En lo más hondo de la Depresión, mis suegros y su hijo (mi marido, nacido en 1932) tuvieron que regresar a Suecia.

Mi suegra era una mujer sumamente capaz y dotada. A su vuelta en la década de 1930 abrió una pequeña boutique en la calle principal de la ciudad. Allí vendía sedas, porcelana, hermosa artesanía lacada, cestos y demás artículos importados de Japón. Creo que fue la primera persona en Suecia que usó un cesto para algo que no fuese hacer la colada y recoger setas. Por ejemplo, para hacer bonitos arreglos florales, una costumbre hoy en día muy extendida y frecuente (debes colocar un jarrón o cualquier otro recipiente adecuado dentro del cesto para llenarlo del agua de las flores).

Pronto, las mujeres de clase alta de la ciudad empezaron a desfilar por su tienda, que llamó Monte Fuji. Mi suegra tenía muchas historias agradables –y otras no tanto– sobre el trato que le dispensaban ciertas «señoras refinadas» cuando las atendía tras el mostrador.

En los últimos años de su vida, cada vez que la visitábamos, o que ella venía a vernos, nos regalaba espléndidos platos de porcelana china, un precioso mantel o unas servilletas magníficamente pintadas para que nos los llevásemos a casa; nos los ponía en las manos al salir. Esto se fue repitiendo durante varios años, hasta que se trasladó a ese pequeño apartamento que sería su último hogar. Fue su manera de ordenar antes de morir: ir repartiendo lenta y discretamente a lo largo de los años una gran cantidad de cosas de un modo generoso y sutil, al tiempo que aportaba objetos útiles y hermosos a los hogares de sus amigos y sus seres queridos.

En ese momento no me di cuenta de lo detallista que era. Y aunque, como es natural, quedaron cosas que ordenar, fueron muchísimas menos de las que podríamos habernos encontrado. Todavía hoy le sigo estando agradecida por ponérnoslo todo tan fácil cuando murió.

Gente feliz

Conozco a muchas personas que se sientan en su casa desordenada y dan la impresión de estar felices y en armonía. A mí me parece hasta cómico. No las puedo entender.

Sin embargo, a veces siento envidia, porque a mí me resulta imposible estar feliz en una casa que parece recién sacada de la centrifugadora.

Cuando nuestra prole aumentó hasta cinco en el espacio de apenas diez años reorganizamos la entrada principal de nuestra casa a la manera de una escuela primaria sueca. Cada niño tenía su color asignado, una casilla de ese color en la estantería y un colgador. Toda su ropa de abrigo iba ahí colgada, o se guardada en unos pequeños casilleros. Las prendas de calle de mis hijos no entraban nunca en el salón. Colgar la chaqueta o colocar las manoplas en su sitio no lleva mucho más tiempo que tirarlo todo al suelo; y lo mejor es que así los niños pueden encontrar sus cosas ellos mismos y no tienen que preguntar nunca: «Mamá, ¿has visto mi...?».

Ir por ahí buscando cosas perdidas nunca es un uso provechoso del tiempo.

Por lo que respecta a ordenar antes de morir, la desorganización tampoco es una buena manera de disponer del tiempo de tus seres queridos. No se pondrán muy contentos que digamos si tienen que hacer ese trabajo por ti. De manera que esfuérzate por tenerlo todo organizado a lo largo de tu vida; así ordenar tus cosas será más fácil para todos.

– Una segunda opinión –

Si decides despejar de trastos tu hogar tú solo, puede que te vaya bien hablarlo con alguien; alguien que no sea de la familia y que no tenga ningún vínculo sentimental con los objetos de los que quieres desprenderte.

Tal vez te venga bien algún consejo o sencillamente la opinión de alguien que esté en una situación similar (aparte de mí) o más joven. A ser posible, debería ser alguien que piense de un modo distinto. Eso es bueno, te ayudará a contemplar tu tarea –o incluso otros dilemas– desde una perspectiva nueva.

Pídeles a estas personas que pasen a visitarte si no viven demasiado lejos. Y no olvides hacer una lista de todas las cosas acerca de las que quieres pedirles consejo. Nadie quiere pasarse el rato esperando mientras intentas recordar las preguntas que tenías en mente. Estas son algunas de las cuestiones que me planteé yo mientras ordenaba mi casa:

¿A qué organización benéfica es mejor donar los libros?

Este cuadro no tiene valor real pero es muy bonito. ¿Lo querrá alguien?

¿Puedo regalarle una antigua espada samurái a mi nieto adolescente?

No tienen por qué ser grandes preguntas o dudas complicadas, tan solo asuntos en los que te sería útil una segunda opinión.

Mi tercera vez

La tercera vez que afronté el reto de deshacerme de todas las cosas innecesarias no fue en casa de otro, sino en la mía. El que había sido mi marido durante cuarenta y ocho años murió tras una larga enfermedad, y yo me esforzaba por ordenar todas sus pertenencias al tiempo que empezaba a pensar en cómo organizar mis propias cosas para mudarme a un espacio más pequeño.

Cuando has vivido en pareja durante muchos años es difícil asumir el hecho de que estás solo. Mi oráculo y solucionador de problemas favorito se había ido. Ya no estaría ahí para acompañarme y hacerme la vida más fácil. Cada uno topa de un modo distinto con esta verdad terrible, ya sea por una pareja, o por la pérdida inevitable de su mejor amigo o de algún familiar.

Intenté mostrarme como creí que los demás querían: que viesen que no iba a venirme abajo, que me estaba esforzando por seguir adelante. Pero aun así, en cierto modo, mi mejor amigo, mi amigo más querido, seguía estando muy presente en nuestro hogar, lo que me hacía muy difícil seguir adelante. Entendí que tenía que encontrar rápidamente otra cosa, un lugar que no estuviese tan cargado de recuerdos y que fuese más manejable para una persona sola: a poder ser sin un gran jardín, o demasiados escalones o cuartos que limpiar. Yo ya no disfrutaba ni me veía capaz de cortar el césped o de quitar la nieve de la entrada…, y tampoco me interesaba quitar el polvo, ya puestos.

Comprimir el contenido de una casa amplia con un jardín espacioso en un apartamento de dos habitaciones no es algo que se haga en pocas horas. Mis hijos quisieron quedarse con algo de ropa, libros, herramientas y muebles, pero como es lógico aún había muchas cosas de las que ocuparse, cosas que clasificar, conservar o desechar.

Me puse en contacto con una casa de subastas, que echó un vistazo a las cosas de las que quería deshacerme y las tasó. Puse a la venta algunos objetos. Luego pedí a mis amigos y a mis vecinos que se pasaran por casa a ver si había algo que les interesara. Después de eso, entré en las habitaciones, confeccioné una lista de todo lo que quedaba en cada una y escribí una nota muy clara de lo que había que hacer con cada objeto. Al lado de una lámpara anoté «Para Peter», al lado de un cuadro «Para la tía Ellen», al lado de algo que no podía dar a nadie que conociera escribí «Para donar».

Una vez hecho esto, me di una semana para despejar cada una de las estancias. Así tenía la impresión de que sería capaz de deshacerme de las cosas innecesarias yo sola, sin prisas. Algunos espacios, como el cuarto de la colada, no me iban a llevar una semana entera, claro está, pero encontraría otras cosas que hacer por casa, cosas que me facilitarían mucho la tarea de dejarla y venderla. Al final, cuando hube terminado con todas las habitaciones me tomé un muy merecido descanso.

Afrontar la tarea en solitario

Habría sido una auténtica maravilla contar con la ayuda de mi marido para vaciar mi casa, la tercera vez que acometía esa tarea. Pero era imposible. Estaba muerto.

Todos mis hijos volvieron a casa para el funeral, pero la limpieza duró casi un año. Trabajé a un ritmo constante yo sola. Tenía en mente los comentarios de mis hijos acerca de ciertos objetos a los que tenían cariño y los conservé, para dárselos más adelante, mientras me deshacía de otras cosas que a nadie le importaban.

Si les hubiese pedido ayuda a mis hijos o a sus parejas estoy segura de que habrían hecho todo lo posible por echarme una mano, pero no lo hice. Tres de ellos tienen hijos pequeños, y trabajan en lugares como Estados Unidos, África y Japón, muy lejos de mi casita en la costa oeste de Suecia. Organizar la visita de mis hijos y de los hijos de mis hijos, con todas sus maletas, habría sido una locura. Además, detesto pedir ayuda.

Revisar todas las cosas que documentaban nuestra vida juntos (cincuenta años llenos sobre todo de momentos buenos, alguno que otro malo y cinco hijos) me hizo sentir muy sola. Mi marido y yo deberíamos haber hecho aquel trabajo juntos, a los sesenta y cinco años, puede que incluso antes, cuando teníamos fuerzas y buena salud. Pero todo el mundo se cree eterno. De repente, mi compañero del alma ya no estaba.

Echando la vista atrás, ahora creo que hacerlo sola seguramente estuvo bien. Y fue más fácil para mí, quizá. Hacer limpieza con mi marido nos habría llevado años. Los hombres tienden más a guardar las cosas que a tirarlas. Y eso se aplica hasta a la tuerca y el tornillo más insignificantes. Creen, y a veces con razón, que cualquier nimiedad podrá serles útil algún día. Y de haberse presentado mis hijos, habrían querido guardarlo todo. ¡Absolutamente todo! O al menos habrían tenido opiniones distintas y confusas sobre qué convenía guardar y qué no.

Así pues, al final lo mejor fue hacerlo yo sola. Aun así, si tienes hijos con mucho tiempo disponible, implícalos en la limpieza sin pensártelo.

Cómo abordar el tema de ordenar antes de morir

Cuando yo era joven, no se consideraba educado decirle lo que pensabas a una persona mayor, incluidos tus padres. Estaba mal visto que los jóvenes hablasen de temas sobre los que los mayores no les habían preguntado la opinión. Ser franco y honesto se juzgaba como una descortesía.

Es por eso por lo que los adultos de aquella época –la generación de mis padres y la de mis abuelos– no tenían ni la más remota idea de lo que pensaban los jóvenes sobre nada. Padres e hijos no se entendían los unos a los otros como podrían haberlo hecho. Era absurdo, en realidad, y triste, se perdía la oportunidad de que las distintas generaciones se conociesen mejor entre ellas. La muerte y la preparación para la muerte, claro está, no eran temas de los que se hablase a menudo.

Hoy en día tendemos a considerar que la sinceridad es más importante que la educación. O, en el mejor de los casos, una combinación de ambas. No creo que los jóvenes de hoy tengan tanto «tacto» y sean tan reservados como los de mi generación, y puede que eso sea lo mejor para todos. El tacto es una cualidad importante si no queremos herir los sentimientos de los demás, pero dado que todos –un día u otro– miraremos a la muerte a los ojos, es posible que en las conversaciones al respecto, conversaciones que todos deberíamos encontrar la forma de abordar, el tacto no tenga ningún sentido.

Hoy en día, lo tenemos más fácil para preguntarles a nuestros padres, o a cualquiera, en realidad: ¿Qué vas a hacer con todas tus cosas cuando ya no tengas la fuerza o el interés necesario para ocuparte de ellas?

A muchos hijos adultos les preocupa la cantidad de pertenencias que sus padres han ido acumulando a lo largo de los años. Saben que si sus padres no se ocupan de sus cosas, serán ellos, sus hijos, los que tendrán que encargarse.

Si tus padres se van haciendo mayores y no sabes cómo preguntarles qué piensan hacer con todas sus cosas, te sugiero que vayas a visitarlos, te sientes y les plantees alguna de las siguientes cuestiones con delicadeza:

«Tenéis muchas cosas bonitas, ¿ya habéis pensado que querréis hacer con ellas más adelante?»

«¿Os gusta tener todas estas cosas?»

«¿No os haría la vida más fácil y más descansada que nos deshiciésemos de algunas de estas cosas que habéis ido reuniendo con los años?»

«¿Hay algo que podamos hacer juntos, con calma, para que no haya tantas cosas de las que ocuparse más adelante?»

La gente mayor suele tener problemas de equilibrio. Las alfombras, las pilas de libros en el suelo y trastos tirados aquí y allá por la casa pueden ser un riesgo para su seguridad. Este podría ser también un modo de empezar la conversación. Pregúntales por las alfombras. ¿No sería mejor retirarlas?

Tal vez aquí el «tacto» siga siendo importante, para hacer estas preguntas con toda la delicadeza y el cariño posibles. Puede que las primeras veces tus padres quieran eludir la cuestión, o cambiar de tema, pero es importante ponerlo sobre la mesa. Si te resulta imposible hablar con ellos, dales un tiempo para pensar y pregúntales de nuevo algunas semanas o algunos meses después, quizá con un enfoque ligeramente distinto.

También puedes preguntarles por teléfono, o comentarles que hay ciertas cosas en su casa que te gustaría tener contigo y que tal vez podrías llevarte ya. A lo mejor les alivia perder de vista algún que otro trasto y eso les ayuda a visualizar la promesa y el posible placer de emprender ellos mismos la tarea de ordenar antes de morir.

Si te asusta parecerles «maleducado» a tus padres y no te atreves a sacar el tema o a plantearles preguntas que les obliguen a pensar cómo quieren gestionar sus pertenencias, ¡que no te sorprenda si más adelante tienes que cargar tú con todo! Los seres queridos solo quieren heredar las cosas *bonitas*, no *todas* las pertenencias del fallecido.

– ¿Conocían los vikingos el auténtico secreto de ordenar antes de morir? –

A veces pienso que debía de ser mucho más fácil vivir y morir en la época de nuestros ancestros, los vikingos. Cuando enterraban a sus parientes enterraban también con ellos muchas de sus pertenencias. Esto lo hacían para asegurarse de que los muertos no echasen nada de menos en su nuevo entorno. Y era además una garantía de que los miembros de la familia que seguían con vida no se obsesionaran con los espíritus de los muertos, como podría ocurrir si sus posesiones se quedasen esparcidas por toda la tienda o la choza de barro, invocando constantemente su recuerdo. Muy ingeniosos.

¿Te imaginas que ocurriera esto hoy? Con toda la *skräp* («basura», en sueco) que tiene la gente hoy en día, ¡habría que enterrarlos en piscinas de tamaño olímpico para que pudiesen llevarse sus cosas!

Guarda solo los momentos felices

Hay una canción de Anni-Frid Lyngstad, de ABBA, que dice: «Guarda solo los momentos felices y olvida los que te pongan triste…». Es muy importante encontrar tiempo para esos momentos felices que se convertirán más tarde en buenos recuerdos.

Suecia tiene una costa muy larga, y salir a navegar es una actividad muy popular en nuestro país. En nuestra familia navegábamos y hablábamos mucho del tema. A menudo las cenas se convertían en auténticas regatas. En nuestra imaginación las piezas de cubertería se transformaban en barcos. Los tenedores y cucharas chocaban entre sí, y el tarro de la mostaza se convertía en la boya que había que rodear. Se libraba una batalla tremenda para cruzar la meta, entre el salero y el pimentero.

Cuando rememoramos la última regata nos reímos de nuestras limitaciones como marineros, y luego, recordando a mi marido, el padre de los chicos, lloramos también.

Cuando me preparaba para dejar mi casa, les pregunté a mis hijos si alguno quería esa mesa en la que habían tenido lugar tantísimas regatas imaginarias. Todos dijeron que no. Por suerte, cuando estaba a punto de donarla, uno de mis hijos se mudó a otro apartamento y necesitó una mesa, así que ahí está hoy. Me alegro de que pueda recordar las regatas felices que montamos en aquella mesa y de que, tal vez, monte otras nuevas con sus propios hijos.

De todas formas, habría sido una mesa magnífica para la casa de cualquiera si un miembro de la familia no se la hubiese quedado. Esperamos siempre que sean nuestros seres queridos los que quieran heredar nuestras cosas, pero no podemos pasarnos la vida esperando. A veces no tenemos más remedio que deshacernos de pertenencias muy preciadas con la esperanza de que terminen en manos de alguien que cree con ellas sus propios recuerdos.

El pequeño Optimist

Años después de que nuestros hijos se hubiesen ido de casa, seguíamos conservando un botecito de madera que habíamos usado para enseñarlos a navegar cuando eran pequeños. El bote no nos estorbaba, y lo cierto es que no queríamos deshacernos de él, en parte porque nos traía muchos recuerdos entrañables, y en parte porque pensábamos que sería divertido guardarlo para la siguiente generación, en caso de que nos hiciesen abuelos. Queríamos conservar aquel bote.

En el patio trasero teníamos uno de esos cobertizos típicamente suecos con puertas blancas y ventanas con molduras. Bajo el techo de aquel cobertizo, el botecito encontró un refugio en el que esperar a esos futuros nietos. Un bote de madera es muy sensible al entorno; por suerte, el cobertizo no era ni demasiado húmedo ni demasiado seco, de modo que el bote esperó pacientemente unos cuantos años, bajo el atento cuidado del cobertizo.

Al final, resultó que a ninguno de nuestros nietos le pareció especialmente divertido eso de navegar y lo acabamos vendiendo. Nos puso muy tristes. Pese a que sus padres los habían mandado a la escuela náutica, la mayoría de mis nietos solo se lo había pasado bien cuando que les enseñaban qué hacer si el barco volcaba y tenían que sobrevivir en el agua. Era importante que lo aprendieran, pero la parte de navegar en sí nunca caló en ellos ni despertó su interés.

El bote era un pequeño velero de la clase Optimist. Es para principiantes. Si ese botecito tuviese el don del habla, nadie habría creído todas las historias que podría haber contado: relatos de victoria y derrota, relatos sobre los océanos, islas y fiordos a los que había llevado a sus ocupantes.

Recuerdo en particular un viaje en coche hasta Francia para participar en una competición. Íbamos con nuestros cinco hijos, un amigo suyo y cuatro veleros Optimist: uno en el techo del coche y los otros tres en un tráiler detrás. Cuando llegamos a Gante, en Bélgica, era de noche y no sabíamos qué ruta seguir para alcanzar nuestro destino.

Vimos un agente de policía en moto aparcado en el arcén. Mi marido frenó, bajo la ventanilla y le pidió indicaciones. El policía contempló nuestro cargamento de botes y a todos los niñitos curiosos que iban en el coche. Hizo sonar su silbato y de pronto aparecieron tres policías más en moto. Y así, con dos motos delante y dos detrás, cruzamos escoltados la ciudad. ¿Te imaginas nuestra excitación? Nada de eso habría ocurrido sin aquel pequeño velero (y sus amigos).

De modo que, como es comprensible, para nosotros fue muy difícil deshacernos de él. Pero lo que aprendimos de esto es que no hay que aferrarse a las cosas que nadie parece querer.

— Una labor de mujeres —

A veces me pregunto cómo enfrentan los hombres la viudez. Los de mi generación a menudo no saben arreglárselas solos, sobre todo si sus esposas los tenían mimados. Apenas saben hervir un huevo, no digamos ya coser un botón. Mi marido se las apañaba con la mayoría de cosillas cotidianas, como cocinar y zurcir. Mi padre, que era médico, sabía limpiar perfectamente los peces que pescaba; casi parecía que los hubiese operado. ¡Podías tener la garantía de que no quedaba ni una espina en los filetes! Pero ¿sabía cocinarlos? ¡Qué va!

Durante mucho tiempo la mejor solución para los viudos fue hacerse con una nueva esposa lo antes posible: alguien que se encargara de la colada y de la plancha y que los salvara de una inminente muerte por inanición.

Creo que los hombres de la próxima generación serán más capaces de salir adelante si se quedan viudos. En Suecia, muchos jóvenes disfrutan cosiendo y tejiendo, ¡y hay fantásticos cocineros que hacen que nos chupemos los dedos con sus combinaciones de sabores! Además, no son tan tontos como para perder el tiempo planchando la camisa entera si tienen pensando ponerse un jersey encima; saben que lo único que importa son el cuello y los puños. Cuando las jóvenes generaciones envejezcan, estas habilidades les serán de gran ayuda.

Supongo que deshacerse de todas las cosas innecesarias ha sido tradicionalmente una labor de mujeres, que hemos sido siempre las encargadas del hogar y las que vivíamos más tiempo. Y también, muy a menudo, las que íbamos recogiéndolo todo detrás de nuestros hijos y maridos, así que estamos acostumbradas a ordenar.

A las mujeres de mi generación nos educaron para no estorbar, para no molestar con nuestra presencia. No ocurre lo mismo con los hombres, que dan por descontado el espacio que se les concede. Mi hija dice a veces que me preocupa tanto molestar que la preocupación misma acaba siendo una molestia. Los hombres no piensan así, pero deberían. Ellos también pueden ser un estorbo.

No te descuides a ti mismo

Mientras te dedicas a ordenar tus pertenencias, no debes descuidar tu vida actual: tu hogar, tu jardín, si lo tienes, y a ti mismo.

Si decides desprenderte de cosas, conviene no ir con prisas. A ser posible, deberías tomarte tu tiempo y avanzar al ritmo que mejor te convenga. Será un proceso absorbente, y también cansado, a veces, por lo que es importante que no hagas sobreesfuerzos.

Cuando recuerdes el dinero que te ahorras haciéndolo tú mismo, y todo el tiempo que les ahorrarás a tus familiares y amigos, que no tendrán que ocuparse de ello por ti, sentirás que el trabajo merece realmente la pena.

Además, es posible que –tal y como me ocurrió a mí– te des cuenta de la cantidad de cosas valiosas que posees, y que quieras dárselas a otros para que disfruten y cuiden de ellas. En todo caso, ahora no es el momento de dejarse atrapar por los recuerdos. No, planificar tu futuro es mucho más importante. Aspira a una vida mucho más fácil y tranquila, ¡te encantará!

Tómate la limpieza como cualquier otro trabajo, un trabajo diario. Y, entretanto, disfruta tanto como puedas de las cosas que te gusta hacer. Pasa tiempo con tus amigos, tu familia, trabajando de voluntario, paseando, jugando a la petanca o a las cartas. Una amiga mía se lamentaba de que no tiene ninguna gracia jugar al bridge cuando dos de tus cuatro compañeros de juego ya no están en este mundo. Desde luego, es triste. Pero también es agradable conocer y jugar con gente joven, que valorará tu amistad tanto como tú valores la suya. Y además no se pasan el rato hablando de audífonos y demás cosas deprimentes.

También es posible que necesites algún rato para ir al oculista, al dentista y al médico de cabecera para hacerte un chequeo, entre otras cosas. Eso también consume tiempo.

Siempre que me he ocupado de ordenar una casa, y he contactado con subastadores, anticuarios, tiendas de segunda mano y organizaciones benéficas, he acabado conociendo a personas muy interesantes, divertidas y agradables.

Está claro que envejecer no es para debiluchos. Por eso no deberías dejar pasar mucho tiempo antes de comenzar a reducir tus pertenencias. Tarde o temprano empezarán los achaques, y entonces agradecerás poder disfrutar de las cosas que aún seas capaz de hacer sin la carga de mil trastos de los que ocuparte o revoltijos en los que poner orden.

A veces yo también echo mucho de menos mi jardín. Pero debo decir que es más fácil disfrutar del jardín de otro. (Y si alguien quiere aprender o hablar de jardinería, pueden hacerte preguntas y escucharte: conocimientos no se pierden.)

Mudarse a un sitio más pequeño

Leí hace poco en una revista norteamericana que existe una organización a la que los mayores pueden acudir para que les ayuden a reducir el número de sus pertenencias y a organizar a su gusto sus nuevos hogares, más pequeños. Me pareció buena idea, pero cuando vi lo que cobraba esa gente por hora, no quise ni imaginar a cuánto ascendería la factura final: una limpieza de ese tipo minuciosa y cuidadosa lleva muchas, muchas horas.

Contratar a uno de esos especialistas tal vez acelere tanto el proceso —¡no vaya a ser que acabemos pagando demasiadas horas!— que no dispongamos de la paz mental necesaria para pensarlo todo realmente bien y planificar nuestro nuevo hogar. No olvides que quizá te queden muchos años por vivir, y ese es motivo suficiente para revisar a conciencia tus posesiones y sopesar qué muebles, qué prendas, libros, cuadros, lámparas y demás vas a querer conservar.

Hay muchas maneras de abordar la tarea. Quizá tengas un modelo a seguir; si no, este es mi método para que el proceso de desechar objetos sea lo más sencillo posible.

A cada habitación o espacio le di un nombre que anoté en una hoja de papel junto con unas columnas tituladas «Donar», «Tirar», «Dejar» y «Trasladar». Eso me ayudó a no olvidar nada cuando las distintas organizaciones benéficas (la asociación de gente mayor, la Cruz Roja, etcétera) vinieron a recoger las cosas.

Cuando vendí la casa, resultó que los nuevos propietarios quisieron comprar y quedarse con parte del mobiliario. Escribí el nombre de cada uno de estos muebles en la columna «Dejar» y les pegué también una etiqueta con la misma anotación en rojo.

Poco después logré encontrar un apartamento de dos habitaciones en una ciudad distinta, una ciudad que conocía bien de una época anterior de mi vida, en la que vivían dos de mis hijos y en la que seguía teniendo algunos amigos. No tenía pensado empaquetarlo, cargarlo y trasladarlo todo sola, así que había llegado el momento de pedir presupuesto por escrito a un par de empresas de mudanzas por lo menos. Pero antes de decidirme por una aún quería preparar otra cosa.

Planificar el nuevo espacio

Antes de contratar la empresa de mudanzas, fui a mi nueva morada y medí concienzudamente cada habitación. El plano del apartamento que te proporciona el agente inmobiliario rara vez recoge las medidas exactas, y es importantísimo tenerlas. Imagina que los operarios de mudanzas han subido una cómoda enorme por las escaleras y esta es cinco centímetros demasiado ancha. Eso supondría una verdadera pérdida de tiempo y sería muy molesto tanto para ti como para los operarios.

Así que lo primero que hice fue comprar un cuaderno enorme de papel cuadriculado y trazar la planta del apartamento. Tomé medidas de todos los muebles que esperaba encajar en mi reducido espacio y los dibujé como cuadrados y rectángulos en otra hoja de papel cuadriculado. Les puse nombre a todos y luego los recorté.

De este modo, fue muy fácil amueblar mis nuevas habitaciones tan solo deslizando los cuadrados y rectángulos de papel sobre el plano que había dibujado. Por descontado, no había espacio suficiente para todos los recortes de muebles de papel, pero lo más importante era averiguar qué cosas de las que planeaba llevarme tenían realmente posibilidades de encontrar un buen sitio en mi nuevo hogar.

Todo lo que no cabía siguió el mismo proceso que el resto de cosas de las que ya me había deshecho. Pregunté a mis hijos primero, luego al subastador, luego a amigos y vecinos, etcétera.

El día antes de mudarme, me aseguré por última vez de que todas las cosas que debían quedarse en la casa estaban adecuadamente etiquetadas para que los operarios no se llevaran nada que yo hubiese decidido que no necesitaba y que no encajaba en el nuevo apartamento. Esto era tan importante como informar de mi cambio de dirección y poner a nombre del nuevo propietario el contador del agua y las facturas de la luz.

Mudarme a mi nuevo hogar fue sencillo porque ya sabía que todo encajaría. Me hizo sentir muy feliz y satisfecha no tener que pedirle ayuda a nadie para mover las cosas por casa una vez instalada.

El hogar

Hace diez años que me mudé de la costa oeste de Suecia a Estocolmo. Hice bien cuando decidí que acometería la mudanza sin prisa. Me tomé mi tiempo para planificar el traslado y para pensar muy detenidamente cómo quería que fuese mi futuro.

El edificio de mi nuevo apartamento tiene un precioso patio interior con mucha vegetación, árboles y flores. Hay bancos al aire libre, un parque infantil, aparcamiento de bicicletas, garaje para quien lo necesite, un apartamento de invitados que se puede alquilar por un precio modesto durante un par de días, una lavandería bien equipada y buena comunicación con el transporte público. Antes de comprar o alquilar una nueva vivienda conviene tener en cuenta qué instalaciones son importantes para ti.

No creo que vuelva a mudarme, pero dado que ahora estoy entre los ochenta y los cien, tampoco creo que pase nada si hago un nuevo inventario de todas mis pertenencias. Tengo demasiada ropa y demasiados libros, y no necesito dieciséis platos si en mi mesa solo hay sitio para seis. Además, estoy segura de que el número de manteles y servilletas podría reducirse.

He comprado un triturador de papel pequeño y fácil de usar. Me muero de ganas de revisar mis viejas cartas y demás papeles sin importancia: documentos de un negocio que tuvimos en su día mi marido y yo, de transacciones financieras y bancarias, un montón de facturas pagadas con el recibo grapado… Si he descubierto algo cada vez que he ordenado a fondo una casa es que odio las grapas.

Mi marido era muy ordenado, algo que en su momento estaba muy bien, pero ahora las grapas son un engorro. Tengo que retirar esos insoportables chismes de metal uno a uno para que no destrocen mi precioso triturador. El celo habría hecho mi vida mucho más fácil. Tenlo en cuenta cuando te pongas a grapar papeles.

Algunas reflexiones sobre la acumulación y otros temas

Me he pasado la vida pintando. Por fortuna, ser artista consiste en gran medida en ser capaz de desprenderte de los cuadros que pintas. He vendido o regalado toda mi obra, poco a poco, al mismo ritmo al que la producía. Cuando tuve que estrechar mi estilo de vida vi que había varias pinturas que no me satisfacían. Las había conservado porque quería mejorarlas, pero en mi nuevo hogar no tenía espacio suficiente, de modo que me deshice de ellas. Las lancé al fuego.

Quizá el hecho de que me haya ido desprendiendo de todas mis obras a lo largo de la vida me ayude a no ser nada sentimental a la hora de desprenderme también de otras cosas.

Es sorprendente, y también extraño, la cantidad de cosas que acumulamos en el espacio de una vida.

Cosas
Nuevos electrodomésticos modernos, como cafeteras lujosas, amasadoras de alta velocidad, u ollas y sartenes de ciencia ficción

llenan nuestras cocinas, aunque sigamos conservando la antigua cafetera, la batidora y nuestras sartenes de toda la vida. En el baño es posible que tengas sombras de ojos de los últimos diez años, o todos los pintaúñas de temporadas pasadas. Los botiquines suelen estar llenos de los suplementos vitamínicos de turno, que ya nadie toma, y de medicinas caducadas. Hasta en cuestión de manteles y sábanas hay modas: estamos siempre comprando artículos nuevos incluso cuando los viejos no están gastados todavía.

Tenemos la sensación de que la madera oscura y el bambú de estilo colonial que estaba de moda el año pasado ha de ser reemplazado por el blanco puro del minimalismo nórdico de este año, en que todo son líneas rectas, sin aspavientos. Si no, nos parece imposible vivir en nuestras casas. Es un despilfarro, pero no un problema enorme siempre y cuando recordemos deshacernos de las cosas del año anterior antes de comprar las nuevas.

Este consumismo loco del que formamos todos parte acabará por destruir nuestro planeta, pero no tiene por qué destruir nuestra relación con quienquiera que dejemos atrás.

Si vives en una gran ciudad en la que tienes la impresión de que la gente cambia la instalación de la cocina y el baño con la misma frecuencia con la que yo reemplazo un jersey viejo, a menudo encuentras en las aceras contenedores enormes llenos de bañeras, fregaderos y váteres. Cada vez que un nuevo propietario quiere imprimirle al apartamento su sello personal, lo cambia todo, ¡y puede que la decoración tenga un año o dos!

Cuando estás entre los ochenta y los cien, no conoces a demasiada gente de tu edad que quiera o tenga la energía de hacer esa clase de reformas a gran escala, o que se moleste por poner su sello personal de esta manera. Esa es otra ventaja de ordenar antes de morir: que piensas más en cómo reutilizar, reciclar y hacer tu vida más sencilla y un poco (o mucho) más modesta. Vivir con pocas cosas es un alivio.

Ropa

Cuando te haces mayor, tu estilo de vida cambia, como cambia tu necesidad de ciertas prendas. Estoy segura de que estarás encantado de vender o regalar toda esa ropa para practicar esquí alpino, ballet o submarinismo cuando comprendas que no es muy probable que vuelvas a usarla.

Una vez fui a esquiar en biquini, un maravilloso y soleado día de invierno. Cuesta imaginar que un bañador sirva de algo en los Alpes; pero desde luego las botas de esquí no son muy prácticas para nadar. Así que ¿con qué te quedas cuando te haces mayor? Con el bañador, por supuesto.

La gente de todas las edades compramos montones de ropa. No porque la necesitemos, sino porque nos hace felices por un tiempo. Nos sentimos mejor, más atractivos, ¡y nos encanta la idea de que ese nuevo modelo nos siente como un guante!

Lo cierto es que los hombres de mi edad no sufren el problema del exceso de ropa. Ellos llevan más bien un uniforme. Pero los hombres jóvenes de ahora parecen más interesados en la ropa y la moda, así que también ellos se acabarán encontrando con los mismos problemas que nosotras para vaciar sus armarios.

Me he fijado en que hoy en día la gente ya no remienda nada, y en que los pantalones más caros vienen con agujeros y parches. Puede que vaya siendo hora de que las nuevas generaciones aprendan a coser y a arreglar cosas, pues sería una forma de ayudar al planeta. Las tiendas de segunda mano brotan como setas por todas partes. ¡Me parece fantástico! Hasta lo llaman «vintage». Pero ¿qué cara pones si una de tus invitadas se presenta con un antiguo vestido tuyo? Yo tengo que hacerme a la idea; todavía no puedo imaginarme cómo lo llevaría si me ocurriera algún día.

Hace poco fui a una fiesta en la que había gente joven. Llegó una mujer con un vestido muy bonito. Cuando le elogié el vestido, ella me dijo muy orgullosa que era de segunda mano (parecía casi tan orgullosa como si fuese de Dior). Así que puede que la sociedad esté cambiando, a fin de cuentas. ¡Hay esperanzas para el planeta!

– *Un apunte sobre la ropa de los niños* –

Cuando yo era pequeña, hace mucho tiempo, teníamos una modista, como era costumbre en aquella época. Su trabajo consistía en ajustar y a veces poner un poco al día mi ropa y la de mi hermana. La señora Andersson llegaba temprano por la mañana para tomarnos las medidas antes de que nos fuésemos al colegio y se quedaba trabajando en casa unos cuantos días cada temporada.

Yo cosí mucho la ropa de mis hijos, y no he olvidado la cantidad de pantalones a los que tuve que remendarles el trasero en invierno cuando no encontraban ningún cartón del que tirarse en trineo pendiente abajo.

A veces cuesta desprenderse de la ropa de los niños. Yo creo que se debe a que es pequeña y mona, y a que es muy gracioso enseñarle una camisa diminuta a un joven de casi dos metros y decirle: «Esto era tuyo».

Luego, cuando ese joven de dos metros se convierte él mismo en padre, quizá aprecie ver a su hijo con una prenda que él llevó de pequeño. La ropa de niño de antes era de mejor calidad que la de ahora. Recuerdo que mi madre confeccionó ropa para mis hijos. La cosió con la misma tela suave con la que se hacen los pañuelos, y dejó todas las costuras por fuera para que no rascasen la piel del bebé. Guardé algunas de estas prendas en una caja en el desván, por si algún día era bendecida con algún nieto. Y cuando vi que los nietos no llegaban, comencé a bajar la caja de vez en cuando y a recordarles lo que quería a los perezosos de mis hijos. Funcionó. Ahora tengo ocho nietos y nada de ropa en el desván.

> Pero si en la familia no hay miembros pequeños que la necesiten, lo mejor, por supuesto, es donarla a una organización benéfica.

Libros

En nuestra familia siempre nos ha gustado leer y conservar los libros. Si no me regalan ningún libro en Navidad sufro una desilusión.

Los libros por lo general son difíciles de vender. Te recomiendo que dejes que tus familiares y amigos curioseen entre aquellos de los que puedes prescindir y que se lleven los que quieran. A veces algunos tienen anotaciones en los márgenes, escritas por gente que conoces. Puede que te cueste separarte de ellos por motivos sentimentales. Te aconsejo que hagas una última lectura, del libro y de las anotaciones, antes de dárselo a alguien. Cuando compro libros de segunda mano, a menudo busco ejemplares que lleven en los márgenes las anotaciones de algún desconocido. Le dan al libro una personalidad adicional. Así que no debe preocuparte regalar libros anotados.

Si tienes varios libros sobre un tema en particular, ya sea, por ejemplo, arte, jardinería, cocina, ciencia o, como en mi caso, náutica, tal vez encuentres a alguien que esté interesado en comprar todo el lote.

Además de los libros para leer y disfrutar, la mayoría de las familias suecas tiene los tomos de una enciclopedia en la estantería. Hoy en día, con internet, me pareció que no tenía ni la necesidad ni el espacio suficiente para llevarme mis enciclopedias al nuevo apartamento. Así que cuando me trasladé llamé a una escuela cercana y estuvieron encantados de hacerse cargo de aquellos veintiocho (creo) grandes y pesados volúmenes. Me puse tan contenta que les regalé la estantería y todo.

Ahora solo conservo los libros que todavía no he leído o algunos a los que vuelvo constantemente. En su mayoría son libros de arte u obras de referencia, como un diccionario y un atlas.

Durante la operación de limpieza que emprendí en casa antes de mudarme, mi problema más grande con los libros me lo plantearon las Biblias. Llamé a la iglesia local, pero no quisieron ninguna, ni siquiera las antiguas, encuadernadas en cuero. No me dieron ningún consejo de lo que podría hacer con ellas. Me quedé con dos, porque alguien había escrito en las guardas las fechas de nacimiento y de defunción de gente de mi familia y de la familia de mi marido que había vivido mucho tiempo atrás. Las otras las tiré. No sé por qué después me sentí tan mal. Supongo que porque esas Biblias habían significado mucho para personas con las que tenía un vínculo de algún modo, aunque no las hubiese llegado a conocer. Las habían apreciado en una época en la que los libros tenían verdadera importancia para sus dueños, mucho antes de que se inventaran Harry Potter y demás superventas.

El 14 de agosto hay una gran venta anual de libros. Una calle entera del centro de la ciudad se llena de mesas con libros que la gente desea vender. Es un día magnífico para todos aquellos que quieren desprenderse de algunos libros y para los que quieren hacerse con más. Si no hay nada así donde tú vives, tal vez puedas ayudar a montarlo.

La cocina

Una de mis hijas tiene un cartel en la cocina de su casa en el que dice: «Beso mejor de lo que cocino». Es una advertencia muy justa e informativa para sus invitados, a los que tal vez aguarde una velada llena de sorpresas, buenas y malas. A mí me gusta cocinar, y aunque, desde luego, no soy ninguna chef estrella, he ido acumulando a lo largo de la vida muchos utensilios de cocina con los que ahora debo decidir qué hacer.

El tiempo que vivimos en Asia, compré utensilios muy prácticos y bonitos, distintos a cualquier cosa que hubiese visto antes. Cucharas de porcelana, por ejemplo, que son muy útiles para tomar una sopa caliente, porque con ellas no te quemas los labios. Varios cuencos grandes hechos de cáscara de coco, ideales para sopas, estofados y ensaladas. Tengo también un pequeño infusor de té de bambú trenzado, demasiado frágil y hermoso para usarlo todos los días, pero elaborado con primor. Después de más de veinte años estas cosas pequeñas siguen siendo bonitas, así que será fácil encontrarles un nuevo hogar.

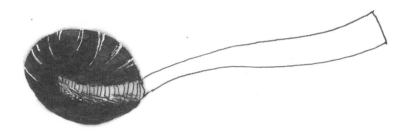

¡Pero también tengo un wok enorme! Está hecho con una lámina de metal muy fino, negro como el carbón, y es un placer freír y hervir con él, especialmente cuando preparo cocina asiática. Un wok como este hay que tratarlo como a un bebé, limpiarlo y secarlo por completo después de cada uso, y a veces, sobre todo en climas húmedos, hay que engrasarlo con un poco de aceite para evitar que se oxide.

Una vez me invitaron a tomar el té en Singapur. Todo el mundo debía llevar sombrero, ¡era obligatorio! Yo hacía como veinte años que no me ponía un sombrero, y aquella zona no estaba muy bien surtida. No sabía qué hacer.

Y entonces vi el wok colgando de un gancho sobre la cocina de gas. Me lo coloqué en la cabeza, lo decoré con una orquídea que pegué con cinta adhesiva y me lo até debajo de la barbilla con un cordel basto. Lo creas o no, gané el primer premio, y me llevé un precioso frasco de cristal de perfume Schiaparelli –Shocking, se llamaba– en reconocimiento a mis esfuerzos. ¡Caray!

Uno de mis hijos y su familia me quitaron el wok de las manos. Les encanta cocinar, e imagino que la comida preparada en este wok tiene un sabor especial. Además, tienen cocina de gas y también la opción de usar el wok como se supone que debe usarse, sobre fuego directo, y en el exterior. El hecho de saber que contaban con las condiciones perfectas para usar ese precioso wok hizo que me resultase muy fácil dárselo a ellos. Mientras llevas a cabo esta tarea es muy importante tener presente cómo es el nuevo hogar en el que terminará el objeto. No ofrezcas nada que no encaje con los gustos del destinatario o con el espacio en el que vive. Será una carga para ellos, y si les preocupa herir tus sentimientos quizá les cueste decirte «No, gracias».

Si hay alguna cosa que no quieres vender, ni donar a una organización benéfica, ni tirar, el acto de pensar detenidamente antes de decidirte por el hogar ideal para ella será muy satisfactorio tanto para ti como para su nuevo dueño. Saber que algo será bien empleado y tendrá un nuevo hogar es una alegría.

Cuando ordenas a fondo la vajilla y los cubiertos, hay dos opciones: o vas a mudarte a una casa más pequeña, en cuyo caso debes tener en cuenta el espacio que tendrás allí para guardarlos, o no te vas a mover pero hay más platos, vasos, tazas, tenedores y demás de los que puedes utilizar.

Si sigues teniendo personas invitadas, te recomiendo que conserves un juego de platos que alcance para el número de invitados que caben sentados a tu mesa. Y lo mismo vale para los cuchillos, tenedores, vasos y tazas. Si quieres decorar la mesa, usa flores o servilletas de papel coloridas en lugar de un montón de platos y servilletas de tela de todos los colores y tonos.

Yo conservé, y sigo usando, unos platos de porcelana especiales que me traje de Japón y que dejaré a mis hijos. Los platos más sencillos y los vasos sobrantes los doné a una organización benéfica.

Libros de cocina y recetas de familia

Antes, cuando mi cocina era más grande que la de ahora, tenía todo un estante reservado para los libros de cocina. Ahora uso casi siempre internet cuando necesito una receta. Tecleo el nombre del plato que quiero preparar en Google y de inmediato encuentro varias posibilidades, cada una acompañada de una imagen a cual más apetecible. ¡Es alucinante!

Por eso, solo conservo dos libros de cocina «de verdad», y con «de verdad» me refiero a libros que puedes tocar con las manos, hojear y leer con detenimiento mientras buscas algo que preparar. Uno de ellos lo he ido compilando a lo largo de los años; está lleno de recetas que me han dado mis amigos y parientes o que he recortado de algún periódico. La mayoría las he ido tirando poco a poco: las de platos que llevan mucho tiempo cocinarlos y las de pasteles y galletas. Ya no me apetece pasarme horas de pie en la cocina, y no soy precisamente un monstruo de las galletas, ni siquiera me gustan demasiado, aunque desde luego a los niños les encantaban.

Aunque he guardado alguna auténtica perla, como el pastel de carne de mi madre, las mejores *gaffelkakor* de mi suegra (una especie de galletas de mantequilla con la marca del tenedor en la parte de arriba), la mermelada de rosa mosqueta de mi vecina Andréa, y algunas otras de mis recetas favoritas que tal vez puedan interesar a alguien, porque son deliciosas, o difíciles de encontrar o porque contienen recuerdos que mis seres queridos quieren invocar en sus propias cocinas.

Tres de las recetas que he conservado las encontré en el cajón de la cocina de mi padre hace muchos años. Las había escrito a mano, con letra cuidada, la cocinera que vivía con nosotros cuando yo era niña. Era una mujer muy amable, y recuerdo que me dejaba quedarme en la cocina a mirar mientras guisaba. Me daba pasas como si fueran chucherías, tal vez para que me estuviese quieta, al menos un ratito. Esas tres recetas son de pepinillos, arenques fritos y bistec a la francesa. El resto de los platos que cocinaba los tenía en la cabeza.

El segundo libro de cocina que he guardado es de Singapur, donde viví seis años, y donde un grupo de amigas y yo recopilamos recetas para un volumen que editamos y vendimos con fines benéficos. Mi desvencijado ejemplar está repleto de recetas deliciosas donadas por mujeres –y un hombre– de todo el mundo. Hay un ceviche de Sudamérica, un curry de cordero de Malasia, un pastel de la provincia sueca de Värmland y las instrucciones para preparar un perfecto Singapore Sling. (A mí, personalmente, este cóctel me sabe como si alguien hubiese echado al tuntún todo lo que pillara en la despensa, ¡pero supongo que encaja bien con la diversidad de paladares del libro!)

Y hay también unas galletas mexicanas, pan de centeno de la antigua Checoslovaquia y un sinfín más. Muchas de las mujeres que nos dieron las recetas tenían invitados a menudo, por lo que, obviamente, estaban muy orgullosas de ofrecer algo que representaba su rincón del mundo. Tal es la riqueza asombrosa de las recetas. Cuando hojeo ese libro todavía me transporto por todo un mundo de sabores y me pierdo en los recuerdos de la cantidad de personas fascinantes que conocí en aquella época de mi vida.

Cuando volvimos a casa, a la provincia costera de Bohuslän, donde nací, pensé en recopilar las antiguas recetas que las mujeres guardaban escondidas como oro en paño: platos ricos con ingredientes locales y recetas que habían ido pasando de mano en mano, tal vez a lo largo de generaciones. Ahora ya no creo que tenga tiempo de hacerlo, pero a lo mejor alguien que lea este libro capta la indirecta y lo pone en marcha. ¡Venga! Cada minuto cuenta. Puede que esas mujeres sean todavía más viejas que yo.

Creo que ha sido fácil desprenderse de los libros de cocina impresos, por muy útiles que me fueran a lo largo de los años. Son las recetas y las historias personales lo que más ansío conservar y seguir saboreando.

La vecina de la casa de al lado durante unos años en Bohuslän se llamaba Andréa. Era la competente viuda de un pescador. Fue una buena amiga, a la que quise mucho. Una vez le hice un retrato que representaba un cornejo florido. Se parece a un magnolio, pero es más grande y está lleno de flores. Fuerte y hermoso. Como era ella. Andréa tenía unas recetas maravillosas, y hay algunas que me gustaría compartir contigo: mermelada de rosa mosqueta en vinagre, jerez de remolacha y un típico pastel de queso al estilo de Bohuslän.

Mermelada de rosa mosqueta en vinagre
1 kilo de bayas de rosa mosqueta
600 ml de agua
150 ml de vinagre blanco
500 g de azúcar
5-10 clavos
1 palito de canela, aplastado

Corta las bayas por la mitad y vacía el interior de semillas con ayuda de una cucharita. Calienta el agua junto con el vinagre, el azúcar y las especias. Cuando empiece a hervir, añade las bayas bien lavadas y cuécelas. Una vez estén blandas, filtra la mermelada para retirar los clavos y la canela, viértela en tarros y cierra la tapa. Se puede guardar fuera de la nevera.

Jerez de remolacha
4 l de agua
1 kg de remolachas
2 kg de azúcar
250 g de pasas
100 g de levadura fresca
2 rebanadas de pan de centeno o de otro tipo
(que no sea pan de molde)

Hierve las remolachas en agua hasta que estén blandas. Reserva el agua de la cocción en un cuenco. Añade el azúcar y las pasas. Unta la levadura en las rebanadas de pan como si fuese mantequilla y coloca estas sobre el agua de la remolacha. Cubre y deja reposar un mes removiendo de vez en cuando (aproximadamente una vez por semana). Filtra el contenido del cuenco y viértelo en una botella. ¡A disfrutar!

Pastel de queso de Bohuslän
4 l de leche
600 ml de crema doble de leche
400 ml de suero de leche
8-10 huevos
50 ml de azúcar

Mezcla todos los ingredientes en un cazo grande. Caliéntalo a fuego lento sin dejar de remover desde el fondo con una espátula de madera. No dejes que hierva. Tienes que vigilar atentamente la mezcla. Cuando tenga una textura granulosa, retira el cazo del fuego y déjalo reposar de cinco a diez minutos. Luego ponlo al fuego de nuevo, ¡pero que no hierva!

Vierte la mezcla resultante en el molde del pastel con una espumadera. Este molde debería tener agujeritos para que vaya saliendo el exceso de líquido. Espolvorea algo de azúcar entre las capas de la mezcla a medida que la viertes en el molde, aunque también puedes hacerlo sin azúcar. Deja reposar unas cuatro horas.

Sin azúcar se acostumbra a comer con arenques en escabeche o salmón ahumado. Como postre, el pastel de queso con azúcar está muy rico con mermelada de zarzamora.

Una tarde Andréa me invitó a catar su jerez de remolacha. Tenía un bonito color ambarino y un sabor sumamente suave, cálido y maravilloso. Aquel día me contó una costumbre que tenían las viudas de los pescadores. Me dijo que todas las mañanas desde que su marido había muerto cogía las sobras de las gachas y las dejaba en el lugar en el que él amarraba siempre su bote. Al segundo una gaviota llegaba volando y se comía lo que hubiese dejado. Me dijo que el pájaro era el espíritu de su difunto esposo. Recuerdo sus palabras siempre que veo una gaviota.

Mi marido fue enterrado un espléndido día de verano. Las niñas, sus nietas, iban muy serias con sus vestidos claros. Los niños se encaramaban a un pequeño muro y andaban en equilibro sobre él. Alguien leyó un poema de Frans G. Bengtsson, un novelista y poeta sueco que a mi marido le gustaba mucho. El poema «Una gacela» termina así:

La gaviota sabe cómo descansar.
El corazón humano, en la tierra, no sabe todavía.

Por un camino de gravilla cerca de la tumba de mi marido, pasó una gaviota joven, andando lentamente. No pude evitar sonreír.

Cosas, cosas y más cosas

Hay cosas que me encantan; cosas bonitas, como un pájaro de madera africano; cosas extrañas, como un cerdo magnético cantarín, y cosas graciosas, como un oso que saluda con energía solar. Mi vicio, realmente, son las cosas. Me llevó un tiempo comprender esto, y que es posible disfrutar de los objetos sin poseerlos. Aunque a veces pueda parecer complicadísimo, enseñarte a ti mismo a disfrutar de las cosas tan solo mirándolas, en lugar de comprándolas, es una costumbre muy agradable y además positiva. Lo cierto es que *no puedes* llevártelo todo a casa, así que será mejor que ni lo intentes.

Las cosas que he mencionado más arriba son pequeñas y fáciles de regalar. Si te invitan a comer, por ejemplo, no le compres a tu anfitrión o anfitriona flores o un regalo: dale una de tus pertenencias.

Cuando hojeo alguna revista de interiorismo a veces me aburro tanto… En muchas de esas casas todos los muebles parecen salidos de la misma tienda. Apagados, lisos, perfectos y sin el más mínimo encanto. Un exceso de objetos de decoración dispuestos uno tras otro en composiciones extrañas y afectadas. Quién querrá quitarles el polvo, me pregunto.

Pero hay hogares con mucho que enseñarnos. Bonitos, prácticos, con pocos muebles. Hogares verdaderamente inspiradores que son fáciles de mantener limpios. Yo sigo intentando aprender cosas de esas estancias. Pienso y me replanteo el espacio en el que vivo, ¡y luego es posible que me deshaga de unas cuantas cosas más!

Si era un secreto, que lo siga siendo (o cómo desprenderse de cosas ocultas, peligrosas y secretas)

Antes de trasladarse mi padre estaba preocupado por algunas cosas. Era médico, y conservaba todos los historiales de sus pacientes en el despacho. Obviamente, tenía que deshacerse de ellos de un modo seguro. Estaban escritos a mano con su pequeña Remington. Todavía no se habían inventado los ordenadores. Por ese motivo, fue fácil eliminar los archivos sin dejar rastro: quemamos todos los papeles en un antiguo bidón de petróleo en nuestra casa de campo.

Otro problema era un paquete que guardaba al fondo de todo del cajón de su escritorio. ¡Contenía un bloque de arsénico! Llevaba ahí casi treinta años, desde los tiempos en que temíamos que los alemanes invadieran el país. Por qué mi padre decidió tenerlo allí guardado tanto tiempo es difícil de entender. Puede que simplemente lo olvidara. Puede que pensara que tampoco estaba de más tener un poco de veneno a mano. El farmacéutico me miró algo perplejo cuando le tendí aquel bloque de arsénico, pero se hizo cargo de él.

Mientras ponía orden en la casa de mis padres, una cosa me dejó en verdad descolocada. Mi madre guardaba la ropa de hogar en un armario enorme. Las toallas y servilletas recién planchadas iban al pie de la pila para que hubiese rotación. En el fondo, detrás de unos ribetes plisados de funda de almohada, encontré su vicio. Varios paquetes de cigarrillos.

¿Qué es un vicio? Supongo que un hábito no demasiado beneficioso. Ahora nos enganchamos a los móviles, a juegos y a otras cosas que —a diferencia de los paquetes de cigarrillo— no nos delatan cuando ya no estamos.

Pero hay gente que tiene el armario ropero lleno de botellas vacías de ginebra y de whisky que se han bebido hasta la última gota en secreto. Y hay muchas otras cosas sobre las que a la gente le encanta chismorrear tras la muerte de alguien.

Puede que el abuelo guardase ropa interior de mujer en algún cajón y que la abuela tuviese un vibrador en el suyo, pero ¿qué importa eso ahora? Ellos ya no están entre nosotros; si de verdad los apreciábamos, no deberían preocuparnos esas cosas. Dejemos que cada cual tenga sus pequeñas debilidades, mientras no perjudiquen a nadie.

Eso sí, sería un detalle para esos seres queridos que tal vez limpien nuestra casa más adelante que fuésemos poniendo un poquito de orden por nuestra cuenta y redujésemos así esa clase de pertenencias antes de dejar este mundo.

Es decir: ¡guarda tu vibrador favorito y tira los otros quince!

No tiene sentido conservar cosas que supondrán un susto o un disgusto para tu familia cuando te hayas ido.

Quizá hayas conservado cartas, documentos o diarios que contienen información o historias familiares con las que no querrías abochornar a tus descendientes. Aunque parece que vivimos en una cultura en la que todo el mundo se cree con derecho a conocer cualquier secreto que le plazca, yo no estoy de acuerdo. Si consideras que ese secreto causará algún daño o entristecerá a tus seres queridos, asegúrate de destruirlo. Haz una hoguera o dáselo de comer al hambriento triturador.

— Los peligros de la leonera —

Otro espacio que sospechaba que me iba a llevar mucho tiempo ordenar era la caseta de herramientas de mi marido. Si vives en una casa, es muy útil compartirla con alguien que sea una combinación de carpintero, pintor, fontanero y manitas en general.

Mayormente si vives lejos de una ciudad importante, donde todos esos profesionales parecen instalar sus negocios. Si necesitas asistencia técnica cada dos por·tres y vives en un lugar apartado, como vivimos nosotros muchos años, te resultará muy caro.

Las bicicletas, los botes y los trabajos de jardinería precisan de herramientas diversas y de cierto mantenimiento para seguir funcionando correctamente. Hay infinitos motivos que justifican la compra de herramientas nuevas, y da la impresión de que los hombres —o al menos los de mi generación y los de las generaciones precedentes— no dejan pasar ni una sola oportunidad de hacer una visita a la ferretería.

Pero seamos sinceros, no hace falta vivir en una casa para tener un exceso de herramientas. Uno de mis hijos, que vive en un pisito de alquiler en la ciudad, tiene un armario lleno de tuercas sueltas, pernos, tornillos, clavos doblados y accesorios que cree poder necesitar algún día. No ha abierto la puerta de ese armario en años.

Cuando todos nuestros hijos, que también necesitaban herramientas especiales (les gustaba construir cabañas, balsas y cochecitos de carreras, que en Suecia llamamos *lådbil*), se marcharon de casa, mi marido continuó organizando y examinando sus herramientas todos los días.

Su *snickarbod* (su caseta de herramientas) se fui convirtiendo en lo que creo que hoy día llaman la leonera del hombre. En Suecia también lo llamamos *mansdagis*; literalmente, cuarto de jugar para hombres, una expresión que me hace sonreír y me parece muy apropiada.

¿Te has dado cuenta de que mucha gente encuentra más placer en organizar sus cosas que en usarlas? Yo sí me he dado cuenta, y admiro enormemente ese espíritu del orden.

Mientras inspeccionaba la *snickarbod* de mi marido vi que todo seguía un orden magnífico: cincel, nivel, taladradora, alicates, sierras de metal, ¡y montones de clavos y tornillos! Bombas y válvulas de goma, aceite especial para bicicletas. ¡Suena casi erótico! El cortacésped necesitaba también lubricantes y afiladores especiales, y para el bote hacían falta toda clase de papeles de lija, pinturas y demás artilugios. Mi marido había ordenado con esmero y cariño todas esas cosas.

Había unas cuantas cajas cuyo contenido mostraba un orden más laxo, pero la mayoría de las herramientas estaban colgadas de la pared, cada una allí donde indicaran sus contornos cuidadosamente trazados, que servían de recordatorio en caso de que alguien cogiera algo prestado y luego no lo devolviese a su sitio. Un maestro del orden, era mi marido.

Si alguna vez se me hubiese ocurrido la idea de hacerme artesana, la caseta de las herramientas de mi marido habría sido una inspiración. Podría haber empezado esculpiendo un bloque de piedra, hierro, hormigón, podría haber construido algo en madera, haber conectado motores para crear algún invento. Todo lo que pudiera necesitar estaba ahí, con sus instrucciones y sus certificados de garantía perfectamente clasificados en carpetas.

Pero nunca tuve esas aspiraciones y no era así como quería pasar mi tiempo. De modo que me limité a coger un martillo, algunos alicates, una surtido de destornilladores y un metro para las pequeñas reparaciones y ajustes que me veía capaz de hacer por mí misma. Colgar cuadros, estantes y ganchos para las toallas y los adornos no es muy complicado cuando tienes las herramientas adecuadas. Por viejo que seas. Mis hijos se llevaron parte del resto, y sus amigos estuvieron encantados de echar una mano con las que quedaron, dado que en Suecia las herramientas son relativamente caras.

Descubrí que era particularmente productivo invitar a casa a hombres jóvenes y que ellos mismos escogieran lo que querían llevarse para sus incipientes leoneras; la *snickarbod* de mi marido quedó vacía en un visto y no visto.

Despejar la *snickarbod* fue, al final, bastante sencillo, tanto desde un punto de vista práctico como emocional. Yo no sentía ningún apego por aquellos objetos, más allá del hecho de que habían pertenecido a mi marido. Tenía muchas otras cosas suyas con las que sentía un vínculo emocional más fuerte. En ningún momento tuve que detenerme un momento a invocar mis recuerdos a propósito de algún objeto ni ralentizar mi tarea. Si fuese un hombre el que intentara ordenar su caseta de herramientas antes de morir... Bueno, podría llevarle años, y creo que no tengo muchos consejos que ofrecer sobre la materia.

Regalos indeseados

Si tus padres o cualquier otra persona que quiere vaciar su hogar de cosas te da algo que verdaderamente no quieres, deberías ser honesto y decir no, gracias, no tengo sitio para esto. Coger las cosas que el otro no quiere y llevarlas de su casa a la tuya no es buena solución para nadie.

O también puedes hacer lo que yo he hecho alguna vez cuando me han dado algo que no me acababa de gustar. Durante un tiempo dejo el objeto un poco aparte, para que quien me lo dio lo vea cuando venga a visitarme y se alegre de haberle encontrado un nuevo hogar en mi casa. Y cuando me canso, me deshago de él, ya sea donándolo o dándoselo a alguien que lo admire más que yo. Pero nunca se sabe, yo he conservado algunas cosas que no me gustaban al principio y se han acabado convirtiendo en tesoros para mí: a veces nuestros gustos cambian y maduran.

Si le doy un regalo a alguien, entiendo que es posible que no lo conserve para siempre. ¿Acaso alguien lleva el control de todos los regalos que hace? Yo no. Las cosas se rompen. Ni siquiera una palomitera funciona eternamente. Jamás me siento culpable por no conservar los regalos. Sentirse agradecida y feliz por un regalo cuando te lo hacen es distinto, porque esa gratitud no está vinculada al objeto en sí sino a quien te lo da.

Conozco a gente que tiene lo que en Suecia llamamos un *fulskåp*, un armario para las cosas feas; un armario lleno de regalos que no soportas tener a la vista y que es imposible regalar a otro. Acostumbran a ser de alguna tía o un tío lejanos, y solo salen del armario cuando el susodicho viene de visita.

Es una mala idea. Si esa tía o ese tío ven su regalo ahí expuesto, ¡querrán hacerte otro! ¿Y quién es capaz de recordar quién le regaló qué a quién y cuándo? Si no te gusta algo, quítatelo de encima cuanto antes.

Colecciones, coleccionistas y acumuladores compulsivos

¿Acaso no hemos recogido siempre cosas? Palos y leños para el fuego, bayas y raíces para comer... Sin embargo, «recoger» cosas por diversión es algo muy distinto. Me recuerdo recogiendo conchas en la playa de la costa oeste de Suecia, donde nací. Todavía conservo algunas en un cuenco, junto con otras de lugares más exóticos. Son un placer a la vista, y es agradable acariciarlas. De niña coleccionábamos chapas, tapones, cajas de cerillas y fotos de futbolistas y estrellas de cine. Y recuerdo además que guardaba ese bonito papel de seda en el que venían envueltas las naranjas cuando volvieron a importarlas tras la guerra en la década de 1940. Llevábamos mucho, mucho tiempo sin ver plátanos ni naranjas.

Coleccionábamos también puntos de libro que intercambiábamos con nuestros compañeros de clase y con otros niños durante el recreo. Yo tenía uno muy grande y muy bonito que le ofrecí a un niño de mi clase si me daba un beso. Creo que lo hice para tratar de impresionar a mi mejor amiga, que tenía cuatro años más que yo y estaba siempre alardeando de todos los chicos que la habían besado. Pero el niño al que había escogido no me besó nunca, así que me quedé con el punto de libro, y creo que eso me hizo la misma ilusión.

Más adelante, empecé a tomarme más en serio lo del coleccionismo. Los sellos, por ejemplo, eran un pasatiempo bastante instructivo y lucrativo para los que se esforzaban.

Hace muchos años tuve un vecino interesante. El sótano de su chalet era como un refugio para toda clase de cosas: neumáticos pinchados, un trineo, un parque para bebés y otras muchas. Con el paso de los años, se fue llenando más y más. Su mujer descubrió que el sótano tenía una puerta trasera, y de vez en cuando entraba por allí, cogía unas cuantas cosas y las llevaba al vertedero. Así que cuando su marido quería embutir un objeto más ahí dentro lo conseguía.

El verano pasado conocí a una señora que vendía cosas en un mercadillo. Su marido y ella estaban a punto de mudarse, y cuando revisó los armarios de la cocina descubrió, entre otras cosas, que tenían doce rebanadores de queso. No era ninguna coleccionista, solo un pelín despistada. Luego leí sobre un tipo que coleccionaba hueveras para huevos pasados por agua. Él sí era un auténtico coleccionista, y tenía miles de hueveras de fabricantes de todo el mundo. Solo hueveras. ¡Alucinante!

Yo tuve una niñera muy querida que coleccionaba tacitas de café con su plato. Se casó con un pastor luterano, y le encantaba ofrecer café a los feligreses en sus tazas después de la misa de los domingos en la parroquia. A veces una nutrida colección puede tener su utilidad, pero otras se convierte en una carga para ti y más tarde para tu familia.

Si quieres deshacerte de una colección y nadie en tu familia parece quererla, creo que lo mejor que puedes hacer es contactar con una casa de subastas y ver qué te dicen. Si no muestran ningún interés, puedes probar a encontrar un comprador en internet.

Un coleccionista genuino disfruta coleccionando tipos de cosas específicos, tiene un buen sistema para llevar un registro de los artículos de su colección y no deja de buscar los que puedan faltarle. Su colección puede hacer felices también a otros. Pensemos en los museos. ¿Acaso no son el fruto de industriosos coleccionistas?

Sin embargo, la gente que se limita a acumular cosas y papeles sin sentido ni propósito quizá padezca una enfermedad que se descubrió hace poco. Estas personas llenan hasta tal punto de cosas las habitaciones de sus casas que resulta por completo imposible acceder a ellas. En algunas familias y relaciones, este afán acumulador puede convertirse en un grave problema. Por desgracia, no tengo muchos consejos que dar para afrontar esta situación, pero sí sé que es una enfermedad que puede tratarse. Y si la medicina no puede hacer nada, lo único que se me ocurre es encargar un contenedor enorme cuando llegue el momento.

En el jardín

La mayoría de las personas tenemos alguna afición, algo que nos gusta hacer todos los días. A veces tenemos la suerte de que se convierte en nuestra profesión, pero si no, al menos le dedicaremos parte de nuestro tiempo libre.

A mí me encantaba el jardín de mi antigua casa. Disfrutaba en medio de aquella vegetación, que contemplaba hasta quedar ensimismada. Me pasaba horas ocupada en podar, dividir, arrancar malas hierbas, trasplantar o simplemente embelesada con una planta de la que acabase de brotar una preciosa flor. Un jardín está siempre lleno de aventuras y expectación.

A finales de verano, podía llenar un cuenco de frambuesas, darles a mis nietos un tomate tibio o un pepino. Esos momentos de felicidad desaparecen, por desgracia, cuando te trasladas a vivir unas plantas más arriba, como es mi caso.

Cuando aún tenía el jardín, contaba con muchas herramientas para cuidar de él. Los rastrillos y palas los guardaba en mi *redskaps-*

bod (en sueco, la caseta del jardinero). Dado que me iba a un lugar donde no había jardín, dejé las herramientas de la caseta allí, para que las usasen los nuevos dueños de la casa. Ellos se alegraron mucho de tener aquel equipo tan completo, y yo me alegré de entregárselo a unas personas que estaban deseosas de mantener mi jardín vivo y bonito.

Si tienes la suerte de contar con un balcón, o al menos unas ventanas con jardineras, o un alféizar soleado, puedes poner alguna planta perenne. Yo tengo una hiedra y alguna madreselva, y sobreviven en sus macetas año tras año sin protector de invierno incluso en este clima nórdico tan frío en el que el pasado noviembre apenas disfrutamos de unas pocas y valiosas horas de sol. En primavera, cuando desaparece el riesgo de helada, añado al diminuto jardín de mi balcón algunas flores estivales, como petunias, nomeolvides o violetas, y también hierbas aromáticas, como albahaca, tomillo, cebollinos y perejil.

En el edificio donde está mi apartamento tenemos un club de jardinería. Los miembros nos hacemos cargo de la vegetación del patio comunitario. Todo aquel al que le guste la jardinería puede colmar sus necesidades ahí.

Además de los setos verdes y de algunos arbustos de flores, hay unos cerezos que florecen maravillosamente en primavera y más adelante dan unas cerezas dulcísimas. En el patio también tenemos plantas perennes, y siempre hay alguna en floración. Hay ruibarbo, y hay hierbas y especias como salvia, romero, cebollinos y melisa. Cualquiera del club de jardinería o del edificio puede coger un poco para cocinar, o tan solo para olerlo.

Lo mejor de este tipo de jardines cooperativos es que todos los años se suman nuevos miembros, de modo que si un día no te sientes con fuerzas para trabajar en el patio, hay otros que cuidan de las plantas y tú no tienes por qué preocuparte. No puede ser más idílico.

Cuando pienso en todo lo que crece y pienso en todo lo que hacemos trizas, jirones y añicos y hasta enterramos para deshacernos de ello, me alegro de que toda esa basura no vuelva a crecer más grande y más fuerte al año siguiente como hacen algunas plantas y hierbajos.

Las mascotas

¿Y qué haces con tus mascotas cuando cambias de casa, o incluso de país, o planeas tu futuro?

A lo largo de los años, por mi familia pasaron ratones, conejillos de Indias, hámsteres, perros, gatos, pájaros y peces. Puede que al leerlo de corrido parezca que hayamos vivido en un zoo, pero no tuvimos a todas estas criaturas a la vez.

Hampus, el conejillo de Indias, pertenecía a uno de mis hijos. Cuando tenía unos ocho años lo sacó de la jaula y lo llevo consigo a la mesa del comedor, justo cuando terminábamos de cenar. La abuela estaba de visita, y yo había recogido un gran ramo de vara de oro y lo había colocado en un jarrón en el centro de la mesa para alegrar la estancia.

Hampus se acercó muy despacio a las flores, las olisqueó y procedió a comerse unas cuantas. Poco después, repentinamente, el pequeño conejillo de Indias sufrió una violenta sacudida, cayó de espaldas y se quedó muy quieto. Hampus estaba muerto.

Este suceso, claro está, fue muy triste. Mi hijo lloró, y mirando a mi madre, le dijo: «Cuando tú te mueras, abuela, me pondré tan triste como ahora que Hampus se ha muerto». Su abuela, que era una anciana muy sabia, entendió que le estaba mostrando su cariño con esta declaración un poco chocante. Se lo sentó en la falda y lo tuvo ahí el resto de la velada, consolándolo.

Cuando volvimos de Estados Unidos a Suecia a mediados de la década de 1970, tuvimos que dejar allí a dos de nuestros perros con sendas familias. En aquella época, los animales que llegaban a nuestro país desde Estados Unidos tenían que pasar por una cuarentena de cuatro meses. La cuarentena es un lugar frío y solitario, y no queríamos que nuestros amiguitos pasaran por eso.

Le dimos muchas vueltas a cómo reaccionaría un perrito cuando le quitasen de pronto el hogar seguro en el que había crecido y tuviese que enfrentarse a un entorno nuevo, así que quisimos encontrar un lugar que fuese igualmente seguro. Me puse en contacto con una residencia canina especializada en norfolk terriers. No quedaba muy lejos de casa y la encargada era una mujer agradable de mediana edad que nos dijo que estábamos invitados a pasar cuando quisiéramos.

La residencia estaba en buenas condiciones, limpia y llena de perritos felices de diferentes edades. La mujer entendió nuestra preocupación por tener que dejar a Duffy con una nueva familia. Nos llevó de paseo por los terrenos y nos permitió acercarnos a muchos perros. Luego nos sentamos a charlar.

Entretanto, un perro pequeño se sentó pegado a mi hijo. La mujer se rio y le dijo: «¿Lo ves? Ese perro ni siquiera te conoce y se iría encantado a casa contigo». Nosotros suspiramos aliviados, nos sosegamos y nos alegramos de haber ido allí.

Una secretaria de la oficina en la que trabajaba mi marido se hizo cargo del pequeño Norfolk Terrier, así que acabó en un buen hogar donde fue muy querido. Hasta recibí una carta muy reconfortante de la nueva dueña de Duffy explicándome que todo iba bien.

En las perreras acostumbran a tener muchos contactos de gente que está en lista de espera para comprar un cachorrito o un perro de más edad. Nuestro basset hound encontró también un buen hogar por medio de uno de estos centros. Era un perro tan simpático, divertido y alocado… Le encantaba echarse en los preciosos y cuidadísimos parterres de flores del vecindario, y también robar bocadillos y otros comestibles que se pusieran a su alcance. Tuvo una buena vida con su nueva familia, pero desconozco la suerte que corrió su jardín.

Cuando te acostumbras a tener mascotas en casa, la vida te puede parecer tremendamente vacía sin ellas. Un día, en Singapur, uno de mis hijos y yo fuimos a la Sociedad para la Prevención de la Crueldad contra los Animales, donde un equipo a tiempo completo cuidaba de toda clase de animales abandonados.

Esta tarde volvimos a casa en compañía de un nuevo miembro de la familia: Taxes, un gran danés enorme, de color tostado, viejo y muy cansado. Taxes pronto se instaló en una manta gruesa en la terraza. Dormía muchísimo, y la mayor parte del tiempo muy profundamente, y aunque tenía un aspecto temible, era tan bonachón que una vez que estábamos fuera de casa dejó que unos ladrones le pasaran por encima sin intentar siquiera detenerlos.

Taxes era viejo y tenía la barba canosa; sufría de reúma y solo toleraba una dieta vegetariana compuesta de arroz integral mezclado con huevo y verdura hervida. Aquel revuelto era tan sabroso que alguna vez pillé a mis hijos adolescentes picoteando comida de perro al llegar a casa de la escuela.

Pero a pesar de sus competidores humanos, Taxes se tomaba cada tarde un buen cuenco de delicia vegetariana en la terraza. Y en cada una de sus comidas, dos grajos enormes se posaban en la baranda a observarlo. Permanecían en silencio, pestañeando y meneando la cabeza. Taxes dejaba siempre un par de bocados en el fondo. Entonces se retiraba a su manta a hacer la digestión, y de inmediato los grajos descendían sobre el cuenco, aterrizaban con suavidad, y se comían las sobras. ¡Todos los días! Era encantador.

Tener un perro es muy gratificante, pero también una gran responsabilidad. Si te pones enfermo o tienes que mudarte o no puedes hacerte cargo de tu querido amigo durante un tiempo, o permanentemente, tienes que asegurarte de que tu compañero reciba el mejor cuidado y cariño posibles. La mayoría de los perros son sociables y les resulta fácil establecer nuevas relaciones humanas, así que disfrutarán de su vida sin ti. Pero con Taxes la cosa era distinta, porque era muy viejo y a menudo padecía dolores.

Cuando tuvimos que volver a Suecia definitivamente, yo no sabía qué hacer. No concebía abandonar a Taxes a un destino incierto. Era demasiado sensible para empezar una nueva vida y demasiado viejo para encontrarle otra familia. Tampoco creía que tuviese posibilidades de sobrevivir a cuatro meses de fría cuarentena si nos lo llevábamos a Suecia.

Por último, consulté con nuestro veterinario y tomé la única decisión que sentí que podía tomar. Fue muy difícil y muy dolorosa. Después de ponerle la inyección, Taxes se hundió tranquila y pesadamente en mis brazos. Fue tristísimo, pero era la única opción que teníamos.

Dejar ir las cosas, las personas y las mascotas cuando no hay una alternativa mejor ha sido para mí una lección muy difícil de asumir; una lección que la vida, a medida que avanza, me pone delante cada vez más y más a menudo.

Ahora que soy tan vieja, si tuviera una mascota me gustaría que ella fuese vieja también. Soy demasiado perezosa para criar un cachorro, y no puedo dar paseos tan largos como los que necesita un perro joven. Si buscara un perro, como me planteo a veces, iría a una perrera y preguntaría si tienen un perrito viejo y cansado del que yo pueda cuidar. Y tú puedes hacer lo mismo si tu mascota favorita muere y sigues queriendo tener un compañero animal.

Pero en ese caso, si tu mascota viviese más que tú, tal vez les dejases un problema a los que te rodean. Habla con tu familia y con tus amigos antes de adoptar un perro viejo y perezoso. ¿Estarían dispuestos a cuidar del animal cuando tú ya no puedas? Si no es así, reconsidera la idea de adoptar un animal.

– La historia de Klumpeduns –

¿Esto es un libro de animales?, te estarás preguntando. No, no lo es. Si lo fuera no me quedaría más remedio que contarte todas las alocadas anécdotas de nuestros peces, nuestros incontables pájaros y nuestros adorables gatos: Mien, Little Cat, Little Fur y Shreds. Pero hay uno del que sí que quiero hablarte: del gato Klumpeduns (torpón, en sueco).

Un día apareció en casa un gatazo anaranjado. Mi marido no tenía nada en contra de los gatos, pero nunca había querido tener uno. Sin embargo, el gato naranja adoptó de inmediato a mi marido, y se pegaba a él siempre que podía. Le pusimos Klumpeduns porque, a diferencia de la mayoría de los gatos, estaba siempre tropezando con todo y rompiendo cosas, saltaba para atrapar algo y no acertaba, o a veces se caía sin más de la silla en la que estuviese echado.

Todas las noches, cuando daban los deportes en la tele y mi marido se sentaba a verlos en su espaciosa butaca, Klumpeduns se acercaba silenciosamente, daba un brinco y se acomodaba en el brazo de la butaca.

Más tarde, cuando mi marido tuvo que trasladarse a una residencia, el gato lo lloró y lo extrañó, pero todas las noches seguía saltando al brazo de la butaca –¡si no fallaba!– y se echaba allí, pese a que yo rara vez veía los deportes.

Un día me llamaron de la residencia y me dijeron que mi marido había muerto súbitamente. Yo había ido a verlo por la mañana, y aunque estaba muy enfermo, me supuso una conmoción. ¿Cómo no iba a ser así? Me pidieron si podía ir a recoger su ropa y demás pertenencias, porque necesitaban la habitación de inmediato.

Cuando llegué a la residencia había muchas otros asuntos que resolver, pero cogí todo lo que había en su habitación y me lo llevé a nuestra casa. Puse toda su ropa en una pila justo en el recibidor, demasiado cansada para encargarme de ella en ese momento. Algunos amigos me habían invitado a visitarlos, y yo necesitaba de verdad un poco de compañía, así que me marché.

Cuando volví a casa, me encontré a Klumpeduns tendido y triste sobre la pila de ropa de mi marido. Lloré.

Había llorado tantísimo durante todos aquellos años en los que mi marido se había ido alejando de mí… Esa noche toda mi pena se concentró en ese gato. De pronto me sentí muy culpable por haber dejado a la pobre criatura sola con su dolor. Klumpeduns murió unos meses después.

No es que crea realmente en el más allá, pero a veces me descubro imaginando que Klumpeduns ha encontrado un cómodo reposabrazos y a su viejo amigo en algún lugar lejano.

Al fin: las fotografías

He llegado al capítulo sobre las fotos, algo que puede ser muy difícil de afrontar, en muchos aspectos.

Para empezar, revisar nuestras fotografías nos pone muy sentimentales. Son muchos recuerdos, recuerdos que queremos conservar, tal vez transmitir a nuestra familia. Pero ten esto presente: tus recuerdos y los de tu familia no siempre son los mismos.

Lo que a un miembro de la familia le puede merecer la pena conservar, a otro le puede resultar de todo punto indiferente. Si tienes varios hijos no se te ocurra creer que se van a comportar o que van a pensar todos del mismo modo. No, en absoluto.

Pese a que hoy en día tenemos la posibilidad de guardar montones de fotografías en los ordenadores, creo que la mayoría de la gente sigue prefiriendo mirarlas en un álbum. Cuando mis hijos eran pequeños, cada uno tenía su álbum particular. Dado que hacíamos un montón de fotografías, vivíamos con mucha emoción el momento en que revelábamos un carrete nuevo y el paquete de fotos llegaba a nuestro buzón. Cada niño decidía entonces qué fotos quería incluir en su álbum, y las marcaba con su nombre o con alguna señal en el reverso, para que supiéramos de cuáles pedir copia. Al cabo de unos cuantos días, llegaban las fotos y las poníamos en los álbumes. Todos mis hijos conservan todavía sus álbumes de fotos.

Si quieres comprar un álbum bonito, hay muchas clases distintas entre las que escoger. Yo, personalmente, prefiero los álbumes de anillas, para poder ir añadiendo páginas a medida que pasa el tiempo y el álbum crece.

Desde luego, es muy agradable sentarse con alguien afín y ponerte a hojear un álbum de fotos. Podéis hablar de cuándo pasó esto y aquello, comparar vuestros recuerdos y puede que hasta recordar quién estaba detrás de la cámara. Es como el reverso de la foto, oculto a la vista.

Una de mis nueras me contó una anécdota de una niña de la guardería en la que trabaja. La niña quería dibujar a su mejor amiguita, y cuando hubo terminado el dibujo le dio la vuelta al papel y dibujó también a su amiga por detrás en el lado contrario. ¡Qué idea tan maravillosa!

Así pues, ¿qué deberíamos tener en mente cuando hacemos limpieza de fotografías?

Yo acostumbro a desechar muchas fotos de golpe antes incluso de ponerlas en un álbum, ya sea simplemente porque son malas o porque yo misma o algún otro sale con cara de loco.

Siempre me ha gustado poder decir el nombre de todos los que aparecen en una foto. Ahora que soy la más vieja de mi familia, si yo no soy capaz de recordar alguno, es poco probable que alguien de mi familia lo sea. Más trabajo para el triturador.

Pero a veces dudo. Hay fotos realmente antiguas que podrían tener un valor histórico y cultural aun cuando uno no sepa los nombres de las personas que salen en ellas: ver la ropa, los coches y el ambiente de la calle de hace apenas treinta o cuarenta años puede resultar muy curioso. Así que a veces quizá tendría que ir con un poco de cuidado, y enseñarles algunas a mis hijos para intentar hacerme una idea de lo que les parece interesante y ver si hay fotos que les gustaría conservar.

A mi padre le encantaba hacer fotos, y era un fotógrafo magnífico. Yo también he hecho muchas fotos a lo largo de los años, y tres de mis hijos tienen mucho talento para la fotografía. En consecuencia tenemos demasiadas fotos, y en realidad es culpa mía. Por tanto soy yo la que tiene que encargarse de hacer limpieza. Yo y mi hambriento triturador.

Uno de los problemas que me he encontrado es que conservo una cantidad enorme de diapositivas guardadas en cartuchos. En cada cartucho caben hasta ochenta diapositivas, y tengo un montón. Antes acostumbrábamos a proyectarlas en la pared. Era un pasatiempo genial, dado que hace cincuenta años solo había una cadena de televisión y la programación infantil era más bien escasa. Creo que *Scooby Doo* lo echaban solo una vez por semana.

Un otoño, hace un par de años, decidí hacer algo con todas esas diapositivas. Compré un pequeño escáner de negativos y dediqué la mayor parte de mi tiempo libre a revisarlas: eran imágenes de cuándo nació mi hijo mayor y de los siguientes veinticinco años.

Con ayuda del escáner pasé al ordenador todas las fotos que quería compartir con mis hijos y luego las guardé en cinco lápices de memoria. Es increíble la cantidad de espacio que hay en un lápiz de memoria que no llega ni a los seis centímetros de largo. Me hizo muy feliz regalárselos en la Navidad de aquel año. No tuve más que meterlos en un sobre y mandarlos por correo.

Cuando has tenido una vida larga es muy fácil perderse entre los recuerdos del pasado. Lleva mucho tiempo, lo sé. Así que será mucho más llevadero si revisas tus fotos antiguas con calma y tranquilidad más adelante, cuando hayas hecho avances significativos en otras categorías de objetos. Además, las fotos no ocupan demasiado espacio, y esta tampoco es una tarea por la que tus hijos te vayan a guardar rencor si se la dejas a ellos. Puede ser incluso que la disfruten.

Recuerdo una ocasión en que todos mis hijos ya adultos, algunos con su propia familia, vinieron a casa para celebrar un cumpleaños. Yo había escogido un montón de fotos y las había repartido en sobres con los nombres de mis hijos. Estábamos todos reunidos alrededor de la mesa. En un primer momento, nos quedamos en silencio mientras cada uno abría su sobre y empezaba a hojear las fotografías, pero al cabo de poco empezaron a comentarlas: «¡Hala! ¡Mírate! ¿Has visto esta? ¿Te acuerdas de esto?». Y así estuvimos un buen rato. Se convirtió en algo muy divertido. Y cuando se cansaron de ver aquellas fotos que yo había ordenado, allí se quedaron, formando una pila enorme y caótica. Pero las ordené una vez más y las guardé en sus respectivos sobres para dárselas a cada uno de mis hijos cuando volvieran a visitarme. Hay cosas que es importante conservar.

Cuando te enfrentes a la difícil tarea de ordenar, y tirar, las fotos de toda una vida, conviene que te reúnas con la familia y los amigos y así la conviertas en algo menos solitario, menos abrumador y más divertido; además así no tendrás que cargar con el peso de todos esos recuerdos tú solo y es menos probable que te quedes atrapado en el pasado.

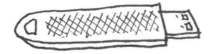

Cosas de las que eres incapaz de desprenderte

Hay cosas de las que es difícil, casi imposible, deshacerse; aun cuando parezcan inservibles y carentes de valor. Por ejemplo, cuando estaba a punto de mudarme a mi apartamento de dos habitaciones caí en la cuenta de que había olvidado a unos cuantos miembros de la familia que estaban ahí sentados mirándome con sus tristes ojos de vidrio. Eran nuestros queridísimos animales de peluche.

Hacía mucho tiempo que nadie se acordaba de ellos, a pesar de que habían ofrecido tal vez más alegría y más consuelo que muchos parientes humanos, y yo ya no tenía nietos pequeños a quien dárselos.

Uno de mis nietos adultos se llevó algunos para sus hijos, entre ellos Teddyfer (un nombre bastante extraño, una especie de Lucifer mullido), un enorme oso polar blanco que me regaló mi marido por Navidad cuando vivíamos en Singapur y con el que solía bailar cuando él no estaba en casa, y también Ferdinand, un gran hipopótamo azul con un asa a la espalda, una borla en la cola y un gorro a rayas. Estaba feliz de que, igual que yo, fuesen a tener un nuevo hogar, aunque me dio mucha pena despedirme de ellos.

Hoy día, en mi salón tengo a Dear Bumbal, un enorme koala que mi marido me trajo de Australia. Creo que viajó en un asiento del avión para él solo. Lo tengo ahí y parece contento. Y en un estante de mi dormitorio está Old Bear, que es igualito que Winnie the Pooh. Está un poco gastado y lleva un suéter y unos calcetines puestos para evitar que se le salga el relleno, pero es que tiene ochenta años. Ha escuchado innumerables confidencias infantiles, y ha sido durante años una fuente de consuelo y compañía. ¿Cómo voy a tirarlo a la basura? Ni hablar. De momento, ahí se queda, con algunos de sus amiguitos.

La caja de cosas para tirar

Hay una serie de cosas que me gustaría conservar solo para mí; cosas que me hacen recordar momentos que de otro modo tal vez olvidaría: antiguas cartas de amor, programas de conciertos, souvenirs de viaje… He guardado todos estos efectos personales en una caja a la que le puesto el letrero de PARA TIRAR.

Mientras revisas tus papeles, es posible que encuentres cartas en las que el remitente te dice cosas maravillosas como «para mi mejor y más querida amiga», «encantadora» y demás galanterías que querrías volver a leer y hasta empapelar una pared con ellas antes que tirarlas. Cuando encuentro cosas así, que no tienen valor para nadie más que para mí, voy a buscar mi caja de cosas para tirar. Cuando me haya ido, esa caja puede ser destruida.

Sé que lo primero que harán mis hijos es ir a mirar qué hay en esa caja, pero también pueden decidir no hacerlo. He seleccionado las cosas que otros pueden tirar sin mala conciencia, pero imagino que algunas de las cartas, fotos y menudencias que hay en esa caja divertirán a mis seres queridos si en efecto echan un vistazo dentro antes de tirarlo todo.

Ordenar las cosas de uno antes de morir es un trabajo arduo. Yo me pierdo constantemente en los recuerdos, pero al mismo tiempo es agradable. Siento un cierto alivio cuando decido conservar algo pequeño, como una flor seca, una piedra con una forma curiosa, o una concha bonita, y la guardo en la caja para tirar, junto con otras menudencias que solo tienen valor para mí porque me ayudan a recordar días y sucesos especiales.

¡Es muy importante que no escojas una caja gigantesca para este propósito! Con una caja de zapatos debería bastar.

Correo y correspondencia

En esta familia hemos escrito montones y montones de cartas, en gran parte porque mi marido, que trabajaba para una multinacional, cambiaba a menudo de destino y viajaba mucho. Mi suegra se quejaba siempre: «¡Mi hijo es como un satélite, nunca para quieto, y siempre está tan lejos!».

Como nos mudamos numerosas veces a sitios muy alejados de Suecia, seguíamos en contacto con los parientes y amigos que se habían quedado en casa a través de las cartas. Las llamadas de teléfono en aquella época eran muy caras, y solo se recurría a ellas en caso de urgencia. Cuando los niños se fueron haciendo mayores y empezaron a visitar a sus amigos, a viajar con el colegio y, más tarde, a estudiar en escuelas lejanas, acostumbraban a escribirnos postales y cartas contándonos a mi marido y a mí lo que hacían o si necesitaban más dinero. Yo guardé muchas de ellas.

Todavía no se habían inventado Skype o FaceTime, así que llevaba su tiempo y había que esforzarse para mantener el contacto, en particular desde países lejanos de África o Asia, con unos sistemas de comunicaciones muy precarios. Podíamos darnos por satisfechos de que al menos las cartas no viajaran por barco o en la saca de un mensajero a caballo, sino que las transportaban en avión para que llegaran antes.

La verdad es que no tengo ni idea de si mis nietos saben escribir. Me refiero con lápiz y papel. Da la impresión de que ya nadie escribe. Sé que se les da bien dibujar, eso sí, pero si tuviera en cuenta el número de cartas de agradecimiento que he recibido en los últimos años, debería dudar de que sepan escribir o de que mi regalo les haya llegado siquiera. En realidad Facebook es muy útil para enterarme de que el regalo ha llegado, y hasta de que les ha gustado y todo.

Cuando mis hijos eran pequeños, les hacíamos sentarse a escribir cartas de agradecimiento. Al pensar en el esfuerzo que alguien había puesto en comprarles y enviarles un regalo, y al recordar la alegría que habían tenido al recibirlo, creo que todos tenían la sensación de que valía la pena tomarse la molestia.

Cuando un niño es demasiado pequeño para leer y escribir en su idioma y tiene que trasladarse a otro país donde habrá de aprender otro distinto, la escritura se complica. Nuestra hija más pequeña quería escribirles a sus amigas de Suecia igual que hacían sus hermanos y hermanas mayores. Se esforzaba mucho, y yo la oía suspirar. Un día de pronto me dijo: «Mamá, por favor, escríbeles y diles que me he muerto». En aquel entonces tenía solo seis años, pero puede que supiera ya que morir es una forma de que te lo perdonan todo.

Mucho tiempo después visité Malta, donde uno de mis nietos hablaba con sus amigos escandinavos a través del ordenador ¡durante horas! ¡Gratis! Y hasta jugaban juntos a juegos. ¡Y cómo se reían! ¿Alcanzaría siquiera a imaginar cuánto habían anhelado sus padres esa clase de contacto cuarenta años atrás?

Para mi suegra, desde luego, fue terrible que su único hijo se llevara a toda su familia a un país tan lejano que una visita de fin de semana era impensable. De este modo, una vez por semana yo le escribía una carta y le explicaba cómo nos iba y especialmente qué hacían sus nietos. Ella se dedicó a guardar todas esas cartas en una bolsa de plástico azul, y me las devolvió cuando regresamos a Suecia. ¡Eran un diario familiar al completo! Cómo agradezco ahora tener esa bolsa. Y no pienso tirarla. En lugar de eso, si tengo tiempo, haré cinco fotocopias de cada carta y les daré un juego a cada uno de mis cinco hijos.

Y por si no tengo tiempo de fotocopiarlas todas, he anotado en los sobres qué cuenta cada una y de quién habla. Por ejemplo: «patinando en la piscina del vecino», «construimos una casa de juegos con un contenedor de madera», «montamos una casita de muñecas con una enorme caja de cartón», «fiesta», «decoración navideña».

Cosas manuscritas

Guardo algunas postales, invitaciones y cartas antiquísimas. Algunas tienen más de doscientos años y están escritas con hermosura y delicadeza, probablemente con una de aquellas plumas, puede que de ganso, que había que mojar cada poco en el tintero. El papel es muy fino, y ha amarilleado con los años. Son en verdad pequeñas obras de arte.

Cuando yo iba al colegio era muy importante escribir con letra clara y limpia. Hoy en día ya no queda mucha gente que escriba diarios o cartas a mano, y si lo hacen la escritura resulta a menudo ilegible, especialmente para aquellos que nunca han sentido cómo se mueve un bolígrafo en su mano al trazar una letra.

En el colegio tomábamos clases de caligrafía. La mayoría nos aburríamos como ostras. El maestro nos daba la lata para que escribiésemos con un plumín que teníamos que mojar cada dos por tres en el tintero. Una vez nos hartamos tanto de oírlo que echamos agua en todos los tinteros. ¡No hace falta decir que eso no ayudó mucho a que se entendiera mejor nuestra letra!

A mí no me cuesta especialmente entender la letra de otras personas, pero a los jóvenes les es casi imposible descifrar la caligrafía de otro. Supongo que es por eso por lo que les resulta tan difícil responder una carta a mano. Desde luego es mucho más fácil sentarse al ordenador y teclear algo rápido, y no hace falta ni sobre ni sello, ni siquiera tienes que echar la carta al buzón, pero sigo pensando que recibir una postal es la pura felicidad.

Un joven equipo de cineastas, del que forma parte mi hija, está haciendo un documental sobre el gran artista y director sueco Ingmar Bergman. Se las estaban viendo y deseando para leer sus diarios, ya que están escritos a mano al estilo de hace casi un siglo, así que me pidieron ayuda. Para mí no fue fácil descifrar su letra, pero tampoco fue una labor endemoniada. Casualmente, descubrí que Bergman pensaba a todas horas en su muerte, como salta la vista en algunas de sus películas, pero no se molestó nunca en ordenar sus pertenencias. En consecuencia, hoy día en Estocolmo tenemos un inmenso archivo Ingmar Bergman. Puede que a veces no sea tan buena idea hacer limpieza, al menos si eres el autor de una obra colosal.

Yo ya no guardo las pocas cartas que aún me llegan muy de vez en cuando: tan pronto he respondido y he agradecido al remitente su envío, desaparecen en mi triturador de papel. Solo si la postal es divertida o bonita la pego con celo a la puerta de la cocina o, a veces, la guardo en mi caja para tirar, y así puedo volver a ella y disfrutarla en otro momento.

Mi agenda negra

A veces me pregunto si la próxima generación podrá recuperar y leer las notas y los mensajes bonitos e interesantes que hayan recibido y seguirán recibiendo de parientes y amigos a lo largo de su vida.

Sé que hay muchas maneras de guardar en un ordenador todo lo que quieras guardar. Algunos de mis amigos no tienen conexión a internet, no tienen ni ordenador ni iPad, ni siquiera un teléfono móvil, y no se han molestado en remediarlo de ninguna manera. Tanto hombres como mujeres. Esta actitud no es nada práctica. Dicen que se las apañan sin esos inventos modernos. Bueno, puede ser, pero también se están privando de mucha información importante que podría hacer que sus días fuesen más fáciles e interesantes. A veces tengo la sensación de que vivo en un mundo distinto del suyo.

Yo no sé cómo me las arreglaría sin internet. Como mínimo una vez al día leo y respondo lo que me llega al correo, ya sea una sencilla pregunta, una invitación o una carta normal y corriente; o también, claro está, alguna publicidad que me gustaría borrar. Puedo entrar a buscar alguna dirección, o algún número de teléfono, pagar las facturas, comprar entradas para el cine, o unos billetes de tren o de avión cuando quiero ir a alguna parte.

Y si hay algún programa de televisión que no pude ver en su momento lo busco en internet y lo pongo cuando me viene bien. También puedo comprar prácticamente cualquier cosa y usar el ordenador como diccionario, libro de cocina y mucho más.

La tecnología avanza tan rápido que a veces es difícil seguirle el paso, especialmente para las personas mayores como yo. No solo porque la cabeza ya no nos funciona tan rápido como antes, sino también porque olvidamos las cosas fácilmente, y tenemos que escuchar y aprenderlo todo de nuevo. Esto, por descontado, es molesto y agotador. Nos pasamos el día anotando cosas, algo muy importante a la hora de usar el ordenador, ya que para entrar en ciertas webs a veces se requiere una contraseña. Con el tiempo, el número de contraseñas crece y crece, y acaban siendo demasiadas como para que pueda recordarlas ni siquiera una persona joven.

Tengo una agenda negra con la cubierta trasera roja en la que guardo todas mis contraseñas para poder acceder a todas las webs que quiera desde mi ordenador. Y cuando llegue el día en que yo ya no esté, mi familia podrá encontrar fácilmente lo que necesite.

Es bonito que internet haya facilitado la comunicación, pero en cierto modo creo que es triste que tantas palabras y pensamientos escritos se esfumen en la nada. ¿Quién guarda los mensajes de texto o un móvil viejo? ¿Y cuántos teléfonos viejos habría que guardar para preservar algunos de tus mensajes más valiosos? Por no hablar de todos los cargadores que necesitarías si quisieras leer esos mensajes. Imposible. Este es otro de los problemas del avance de la tecnología: todos los chismes que en cierto momento son imprescindibles y al minuto siguiente ya no sirven para nada.

Yo he intentado seguir el ritmo de los tiempos y deshacerme de todo lo antiguo. Cuando los casetes de la década de 1970 quedaron obsoletos los tiré, y lo mismo puedo decir de las cintas de vídeo: las mandé digitalizar y luego las tiré también. Con los elepés fue distinto. Tengo un yerno que colecciona vinilos y se llevó unos cuantos. El resto los tiré.

Huelga decir que también me he deshecho de las cámaras de vídeo anticuadas y de los tocadiscos en los que escuchábamos nuestra música.

Mientras que una bonita tostadora art decó de los años veinte puede seguir siendo agradable de ver, creo que pocos de esos aparatejos nuestros, cargadores, routers y demás vayan a ser objeto de admiración en el futuro.

Ordenar antes de morir es tanto (¡o más!) importante para ti como para los que vendrán después

Ya he dejado claro que es conveniente que acometas la tarea de ordenar antes de morir para que tus hijos y demás seres queridos no tengan que lidiar con todas tus pertenencias. No obstante, aunque creo que esta motivación es de por sí muy importante, no lo es todo.

Poner orden en tus cosas es algo que puedes hacer por ti mismo, para tu propia satisfacción, y si empiezas pronto, digamos a los sesenta y cinco, no te parecerá una tarea tan colosal como cuando tengas, como yo ahora, entre ochenta y cien años.

Lo más importante es la propia satisfacción personal y la oportunidad de encontrar el significado y los recuerdos asociados a cada objeto. Es un placer hacer inventario de nuestras pertenencias y recordar el valor que tienen. Y si no recuerdas el significado de una cosa en concreto, o por qué la has conservado, esa cosa es prescindible y la despedida te será más fácil.

Conozco a mucha gente relativamente joven que no tiene descendencia, y uno podría pensar que se dicen: bueno, yo no tengo hijos, por tanto no necesito dedicarme a ordenar antes de morir. Error. Alguien tendrá que limpiar cuando tú no estés, y a quienquiera que sea puede que le resulte una carga.

Nuestro planeta es muy pequeño, flota en un universo infinito. Podría perecer bajo el peso de nuestro consumismo, y temo que al final será así. Aunque no tengas hijos deberías asegurarte de ordenar tus pertenencias antes de morir, tanto por la satisfacción que esta tarea puede reportarte como por hacer felices a muchos niños, aunque no los conozcas. Reciclar y donar tus cosas es beneficioso para el planeta y también una ayuda para la gente que pueda necesitarlas.

Una de mis hijas, que no tiene descendencia, posee una enorme colección de libros. Ahora tiene cincuenta años y anda buscando desesperadamente algún joven a quien le guste leer para darle parte de sus libros. Tiene una colección maravillosa. Ha sido siempre una gran lectora y muchos de mis libros y de los libros de mis suegros han terminado en su biblioteca.

La mayoría de la gente, si busca suficiente, acaba encontrando a alguien a quien darle sus cosas. Si no tienes hijos, puede que tengas hermanos y sobrinos, o amigos, colegas y vecinos que estarán encantados de recibir tus posesiones.

Y si no encuentras a nadie a quien dárselas, véndelas y dona el dinero a una organización benéfica. Si no te encargas tú mismo de la tarea de ordenar antes de morir y de mostrarle a la gente lo que es valioso, cuando mueras aparecerá en la puerta un camión enorme que se llevará todas las maravillas que tengas de camino a una subasta (en el mejor de los casos) o a un vertedero. Y eso no hará feliz a nadie; bueno, a los de la casa de subastas puede que sí.

De modo que aunque no tengas hijos eso no te exime del deber de poner orden en tu vida. Revisa tus pertenencias, recréate en los recuerdos que te despiertan, regálalas. Siempre hay algún joven que emprende una nueva vida, que monta un hogar, alguien que quiere leer todo lo que haya escrito W. Somerset Maugham (aunque reconozco que esto ya es más difícil). No es necesario que esa persona a quien quieres darle tus ollas y sartenes, las sillas del ático o una alfombra vieja sea de la familia. El día en que esos jóvenes se puedan permitir comprar exactamente lo que quieren, les pasarán tus muebles viejos a sus amigos, y ellos a sus amigos, y así sucesivamente. No tienes ni idea de dónde pueden terminar tus objetos cuando tú ya no estés, y el solo hecho de contemplar esa perspectiva puede ser maravilloso.

Si le das a un joven un antiguo escritorio, cuéntale una historia sobre él —sin inventártela, claro está—, y explícale qué clase de cartas se escribieron en él, qué documentos se firmaron, qué clase de pensamientos se rumiaron en torno a este escritorio. Esa historia irá creciendo a medida que pase de un joven a otro más joven todavía, y así un escritorio cualquiera se volverá extraordinario con el paso del tiempo.

Una amiga mía tiene un escritorio que le dio alguien que se marchaba de Estocolmo. Es de finales del siglo XVIII. A veces lo miramos, nos sentamos y escribimos en él, y siempre nos preguntamos qué se habrá escrito allí, quién escribiría allí sentado hace cientos de años, qué escribirían, con qué motivo y a quién. ¿Una carta de amor? ¿Un contrato comercial? ¿Una confesión?

Que es un escritorio precioso es algo que salta la vista. Pero más allá de su belleza, ha estado en uso durante trescientos años. Ojalá todos los que han escrito en él hubiesen dejado su huella. Mi amiga ha escrito una nota y la ha pegado dentro. Pronto lo venderá. Espero que la tradición continúe.

La historia de tu vida

La clave de ordenar antes de morir no son solo los objetos, ciertamente. Si así fuera resultaría muchísimo más sencillo. Y aunque nuestras pertenencias son capaces de traernos muchos recuerdos, la cosa se complica en el caso de las fotografías y la palabra escrita.

¡En ellas todo es sentimiento! Revisar cartas lleva mucho tiempo. Te perderás en antiguos recuerdos, y tal vez sueñes que vuelves a tiempos pasados. Esto puede ser reconfortante y hacerte vivir recuerdos felices, pero también puede removerte por dentro en otro sentido, trayéndote sentimientos tristes e incluso deprimentes.

Yo he reído y he llorado releyendo mis viejas cartas. De vez en cuando hasta me he arrepentido de guardar algunas. Había cosas que había olvidado y, de pronto, ahí estaban de nuevo. ¡Otra vez! Pero si quieres contemplar el panorama completo de tu historia y de tu vida tienen que aparecer hasta las cosas menos divertidas.

Cuanto más me he centrado en ordenar mis cosas más valentía he ido reuniendo. A menudo me preguntó: ¿haré más feliz a alguien que conozco si guardo esto? Y si tras un momento de reflexión soy capaz de responder con sinceridad que no, va directo al hambriento triturador, que nunca se cansa de esperar papeles que masticar. Pero antes, eso sí, dedico siempre un minuto a reflexionar sobre ese momento y ese sentimiento, bueno o malo, y a asumirlo como parte de mi historia y de mi vida.

Cuando ya no estés

En verdad me cuesta entender por qué a la mayoría de la gente le resulta tan difícil hablar de la muerte. Es el único hecho absolutamente inevitable que nos aguarda a todos en el futuro.

Cómo preferiríamos que sucediesen las cosas si cayésemos enfermos o qué queremos que hagan con nosotros una vez muertos son decisiones que podemos tomar nosotros mismos si las afrontamos y asumimos el control de estos sucesos inevitables. Sé muy bien que a veces es necesaria cierta ayuda profesional para actuar. Tal vez un abogado que nos redacte el testamento. Pero, en fin, yo no estoy cualificada para dar asesoramiento legal. Yo solo entiendo de la tarea de ordenar antes de morir.

Hay muchas opciones a la hora de abordar y preparar nuestra marcha de este mundo, y ninguna decisión es mala. Algunos quieren que esparzan sus cenizas en el mar, otros desean ser incinerados o enterrados en un ataúd. Pero estas no son las únicas cosas a tener en cuenta sobre nuestra muerte y nuestro funeral. Para ahorrarles a tus parientes o amigos estas difíciles resoluciones, decídelo todo tú mismo mientras todavía seas capaz. Habla con alguien cercano de tus deseos o déjalos por escrito. ¡Intenta ser práctico!

Con este libro quería animarte a emprender la tarea de ordenar antes de morir con el fin de que te sintieras bien cuando pensases en todas las horas que les habrás ahorrado a tus seres queridos, que no tendrían que emplear su precioso tiempo en hacerse cargo de cosas que tú mismo ya no querías. Yo me sentiré increíblemente satisfecha y feliz cuando haya terminado el grueso de esta tarea. Tal vez entonces emprenda viaje, o me regale unas flores e invite a algunos amigos a una buena cena para celebrar todo el trabajo hecho. Y si no me muero, seguramente saldré de compras. ¡Otra vez!

Agradecimientos

Quiero darle las gracias a Stephen Morrison por animarme a escribir este libro y prestarme tantos cariñosos consejos por el camino.

También les estoy muy agradecida a mis editores, Nan Graham y Kara Watson de Scribner; a Jamie Byng, Jenny Todd y Hannah Knowles de Canongate, y a Henry Rosenbloom de Scribe por sus amables aportaciones, que han hecho de mi libro algo mejor. Le quiero dar las gracias a Susanna Lea por su esfuerzo y por un almuerzo maravilloso en Estocolmo, y también a su increíble equipo, Laura, Mark, Cece, Kerry y Lauren, que ha conseguido que todo vaya como la seda.

Y por último, gracias a mi hija Jane y a su marido, Lars. Sin ellos este libro nunca habría sido posible.